Kleine Auszeiten im Alltag ist eine ebenso kurze wie nützliche Anleitung für das müßige Leben. In 24 Kapiteln erläutert das Buch die verschiedenen Möglichkeiten, nichts zu tun. Diese kleinen Tricks können überall angewendet werden, und das bei geringen bis gar keinen Kosten. Indem Sie den simplen Schritten folgen, wird sich Ihre Anspannung verflüchtigen, Ihr Leben wird vergnüglicher und einfach gut.

Unterhaltsam und kurzweilig zeigt Tom Hodgkinson, wie Auszeiten zu einem festen Bestandteil im Alltag werden können. Von entschleunigender Lektüre und Tagebuchschreiben über die Wiederentdeckung alter Spiele, besondere Formen der Meditation bis zum Waldbaden und ziellosen Flanieren in der Stadt – hier ist für alle etwas dabei. Und dass zudem die schönsten Dinge im Leben häufig umsonst sind – das zeigt dieses Buch mit erfrischender Leichtigkeit.

Tom Hodgkinson, geboren 1968, studierte englische Literatur in Cambridge. Er arbeitete für eine Boulevardzeitung, wurde gekündigt und gründete daraufhin 1993 die Zeitung *The Idler*. Seitdem widmet er sich dem Thema Müßiggang in allen Facetten. Er schreibt Bücher und Kolumnen und hat 2011 in London die *Idler Academy* gegründet, ein Kulturzentrum mit Bibliothek und Café, das Kurse u. a. in Sticken, Latein und mittelalterlicher Musik anbietet. Derzeit lebt er mit seiner Familie in London.

Eike Schönfeld, geboren 1949, wurde für seine Übersetzungen vielfach ausgezeichnet, u. a. mit dem Heinrich Maria Ledig-Rowohlt-Übersetzerpreis, dem Übersetzerpreis der Leipziger Buchmesse, dem Christoph-Martin-Wieland-Preis und mit dem Internationalen Hermann-Hesse-Preis.

Tom Hodgkinson

Kleine Auszeiten im Alltag

Eine Anleitung

Aus dem Englischen von Eike Schönfeld

INSEL VERLAG

Originalausgabe: Tom Hodgkinson, *An Idler's Manual.*
Idler Books, London 2021

Klimaneutral
Druckprodukt
ClimatePartner.com/14438-2110-1001

Erste Auflage 2023
Deutsche Erstausgabe
© der deutschsprachigen Ausgabe
Insel Verlag Anton Kippenberg GmbH & Co. KG, Berlin, 2023
Copyright © Tom Hodgkinson 2021
Alle Rechte vorbehalten. Wir behalten uns auch eine Nutzung
des Werks für Text und Data Mining im Sinne von § 44b UrhG vor.
Umschlaggestaltung: hißmann, heilmann, hamburg
Umschlagabbildung: Patrick Guenette / Alamy /
mauritius-images, Mittenwald
Satz: Greiner & Reichel, Köln
Druck: Pustet, Regensburg
Printed in Germany
ISBN 978-3-458-64368-5

www.insel-verlag.de

Zum Gedenken an Cat Ledger (1957[8?]-2020)

Die Seele, in welcher die Philosophie lebt, sollte vermöge ihrer Gesundheit auch den Körper gesund machen. Sie sollte ihre Friedlichkeit und Freude von innen heraus scheinen lassen, sollte das äußere Betragen gemäß ihrer Form prägen und es folglich mit einem anmutigen Stolz, einem aktiven und frohen Verhalten und einer zufriedenen und gutmütigen Miene bewehren. Das sicherste Zeichen von Weisheit ist beständige Heiterkeit.

Montaigne

INHALT

EINLEITUNG

Im August 1993 veröffentlichten mein Freund Gav und ich, etwas verzögert durch ein besonders packendes Turnier in Wimbledon, die erste Nummer der Zeitschrift *Idler*. Sie hatte eine entschieden nicht kommerzielle Titelseite: das Gemälde eines alten weißen Mannes mit Perücke.

Die Mission des *Idler* war es, die Bedeutung des Wortes »idle«, also »müßig«, zu verändern. Wir wollten es nicht pejorativ, sondern positiv verstanden wissen. Wir wollten der Welt sagen, dass Müßiggang guttut, und der hohen Kunst des Nichtstuns das Edle zurückgeben.

Unser Titelheld, der melancholische und menschliche Dr. Johnson, hatte eine Verteidigung des Müßiggangs als kreatives Werkzeug verfasst. Um kreativ zu sein, sagte er, brauche man Zeit zum Nachdenken, zum Grübeln, zum Reflektieren. Und er definierte Müßiggang als Ziel, indem er schrieb: »Jeder Mensch ist ein Müßiggänger oder hofft darauf.«

Das Medienecho fiel gemischt aus. »Es ist gut, aber der junge Herausgeber Tom Hodgkinson, 25, wird Fantasie brauchen, damit der Witz von Dauer ist«, meinte der *Daily Telegraph*. Und *Private Eye* nannte den *Idler* ein »Fanzine mit dem immergleichen Witz«.

Er sollte gemächlich wachsen. Zwei Jahre nach unserem Anfang erschien ein Buchversand auf dem Markt. In der Redaktion spotteten wir darüber. »Die machen weniger Umsatz als ein Tante-Emma-Laden!« Die Firma hieß Amazon, und von vermeintlich bescheidenen – wenngleich eindeutig arroganten – Wurzeln ist sie seitdem zum größten Unternehmen der Welt gewachsen und beschäftigt über eine Million Menschen, während die Belegschaft des *Idler* im selben Zeitraum von zwei auf drei, dann vier gewachsen ist, bald waren es wieder zwei, dann nur einer, dann zwei, dann vier und schließlich zwei. Unsere bescheidenen Wurzeln sind nach wie vor deutlich sichtbar.

Trotzdem, wozu die Eile? Will ich etwa Milliarden scheffeln und in den Weltraum fliegen? Nein. Den Leuten helfen, das #idlelife zu führen, das müßige Leben? Ja.

Und so hat der *Idler*, wenngleich möglicherweise unterbesetzt, mit seiner Zeitschrift, seiner Webseite, Veranstaltungen und unseren Online-Kursen sowie meiner Serie radikaler Lifestyle-Manifeste, die 2004 mit *Anleitung zum Müßiggang* begannen, Tausenden von Menschen zu einem befriedigenderen, erfüllteren Leben verholfen.

Fünf Jahre lang hatten meine Partnerin Victoria Hull und ich eine Schule samt Café und Buchhandlung in West-London. Wir nannten sie die Idler Academy of Philosophy, Husbandry and Merriment (Akademie für Philosophie, Sparsamkeit und Frohsinn). Ihr Zweck war, diese drei Säulen des Curriculums zu lehren und die Werte Gelehrsamkeit und Geselligkeit zu fördern.

In jener Zeit schritten viele tausend durch unsere Tür, um an einem Kurs teilzunehmen, sich einen Vortrag anzuhören, ein Buch zu kaufen oder einfach dazusitzen und nichts zu tun.

Dieser physische Laden hat sich zu unserer Online-Akademie ausgewachsen, wo wir Ihnen unsere Lieblingslehrer und allgemein anregende Menschen nahebringen. Und in unseren wöchentlichen Online-Events »Drink with the Idler« stellen wir Ihnen subversive Denker, fröhliche Seelen, brillante Künstler und Freigeister vor.

Unser Ziel ist es, Ihnen in einer Welt, in der Arbeit, Regierungen, Bürokratie und Geldverleiher uns daran hindern können, ein Leben nach unseren Vorstellungen zu führen, Freiheit, Spaß und einen freudigen Zugriff aufs Leben zu schenken.

Der *Idler* wird Ihnen dabei helfen, Ihren Geist zu befreien, Ihr Denken zu erweitern und dabei viel Spaß zu haben. Unsere Philosophie ist im weiteren Sinn eine epikureische (darüber mehr auf den folgenden Seiten): Sie werden Sorgen vertreiben und Ihren Alltag revolutionieren.

Dieses Buch ist ein Manual. Das Wort leitet sich ab vom lateinischen *manus*, die Hand, und bezeichnete im Altertum und im Mittelalter ein Buch, das klein genug war, um in der Hand gehalten zu werden. Im wörtlichsten Sinne also ein »Handbuch«. Die Manuale wurden ursprünglich von den griechischen Philosophen produziert und später von Priestern.

Das Buch, das Sie in Händen halten, bietet Ihnen 24 praktische Ideen und Anleitungen, wie Sie ein wenig Müßiggang – und damit echte Qualität und Spaß – in Ihr Leben bringen können.

Erforschen Sie mit mir verschiedene Tipps, Tricks und Ideen, mit denen Sie sich das Leben schaffen können, das Sie führen wollen: das gute Leben, das philosophische Leben, das romantische Leben, das Spaßleben – kurzum: das müßige Leben.

1
LESEN SIE DIE ANTIKE PHILOSOPHIE

Wann werde ich frei sein,
um das köstliche Vergessen der Sorgen des Lebens
unter alten Klassikern zu atmen,
mit Schlaf und Mußestunden?
Horaz

Die Philosophen im alten Athen waren die ursprünglichen Müßiggänger. Schon das Wort »Philosoph« suggerierte einen gewissen Mangel an Ehrgeiz. Es bedeutet nicht »weiser Mensch«, sondern eher »einer, der gern weise wäre, es aber noch nicht ist«. Die wörtliche Bedeutung ist »Liebhaber der Weisheit«. Und sie können uns allen wirklich helfen, das Glück zu finden.

Die Philosophen, von denen Sokrates der erste war, stellten sich gegen eine Gruppe griechischer Lehrer, die sich Sophisten nannten. Das Wort bedeutet »Weise« (wir könnten sie auch Besserwisser nennen), und sie waren ein Rudel Windhunde, die sich als Tutoren der ehrgeizigen männlichen Jugend ihrer Zeit aufspielten und damit viel Geld machten. Eigentlich pflegten die Philosophen gute Beziehungen zu den Sophisten, und in einem von Platos Dialogen taucht einer auf, Protagoras, der ziemlich in Ordnung scheint.

Aber ganz allgemein waren die griechischen Philosophen cooler, weniger aufs Geld fixiert und hatten unbedingt mehr Demut und bessere Bärte. Für Sokrates war die Philosophie, jedenfalls wie er in Platos hübschem Dialog *Das Symposium* erscheint, eine Art Annähern, ein Sehnen, ein Lieben. Wissen Sie, dass man im Spanischen, wenn man jemanden liebt, *Te quiero* sagt? Das bedeutet: »Ich will dich«, aber ich habe dich nicht.

Philosophie bedeutet demnach Mangel an wie auch Liebe zur Weisheit. Philosoph sein, sagte Sokrates, heißt daher, zuzugeben, dass man in die Weisheit verliebt ist, aber auch, dass man sie noch nicht errungen hat. Man ist gewissermaßen noch in der Pirschphase. Man ist ein Troubadour, ein Höfling, ein Verehrer, ein werbender Liebhaber.

Die Philosophen könnten als die Ahnen der mittel-alterlichen Mönche betrachtet werden. Plato erfand das Kloster in Gestalt seiner Akademie, ein Ort des Sinnens, der 600 Jahre überdauert hat. Die griechischen Philoso-phen kleideten sich schlicht, ließen sich einen langen Bart wachsen und wanderten mit einem Stab umher. Sie lehn-ten die Tretmühle ab.

Auf uns wirken diese Ideen alle recht harmlos, doch Sokrates wurde vom athenischen Staat wegen deren Ver-breitung zum Tode verurteilt. Bevor er den Schierling trank, der ihn töten sollte, indem er seinen Körper nach und nach von den Füßen aufwärts vergiftete, sagte er zu seinen Anhängern, es mache ihm nichts aus, und eigent-lich freue er sich aufs Sterben, weil er dadurch endlich zu einer freischwebenden, körperlosen Seele werde, und das Seelenbewusstsein sei ja doch eins der Ziele der Philoso-phie. Eine heitere Seele.

Sokrates war daher eine Christus ähnliche Gestalt und hat Millionen zu dem Versuch angeregt, ihr Leben selbst in die Hand zu nehmen und nach Freiheit und Frieden zu trachten. Nach seinem Tod entstanden verschiedene Philosophieschulen. Sein Schüler und Fan Nummer eins, Plato, gründete die Akademie und versuchte, sich mittels des Intellekts mit den Problemen des Am-Leben-Seins herumzuschlagen.

Eine zweite von Sokrates angeregte Schule waren die Stoiker, begründet von Zeno von Kition. Sie glaubten an eine Art kosmischen Weg oder Kurs. Wenn man mit dem Strom schwimmt, bleibt man ungestört. Dann lassen einen die Missgeschicke in Ruhe, weil man fest an das Schicksal glaubt. Alles hat einen Grund. Der römische Stoiker Epiktet riet den Menschen, die Dinge zu beherrschen, die in ihrer Macht liegen, und sich mit allen anderen gar nicht abzugeben. Bei Problemen des Lebens »philosophisch« sein heißt stoisch sein.

Dann gab es die Skeptiker, die Sokrates' berühmte Wendung »Ich weiß, dass ich nichts weiß« übernahmen und zu einer Philosophie ausspannen, die sich ums Fragen drehte.

Die Kyniker, allen voran Diogenes, griffen Sokrates' Ablehnung von Sitten, wie schöne Kleidung tragen oder Geld verdienen, auf. Sie kleideten sich in Lumpen, bespuckten die Reichen, masturbierten in der Öffentlichkeit und lehnten die Konsumgesellschaft ab. Sie waren die Punks des alten Athen.

Diogenes war der Sohn eines Bankiers. In einer bekannten Performance lebte er eine Zeitlang in einem Weinfass, das er an die Tempelmauer legte. Das Wort »Kyniker« bzw. »Zyniker« – *kynikos* – bedeutet wörtlich »hundeähnlich«; es hieß, dass die Kyniker wie Hunde lebten: obdachlos, arbeitslos und kleiderlos – aber immer fröhlich. Mit *kynikos* verwandt ist das lateinische Wort *canis*, also »Hund«, was bedeutet, dass wir hier die Kyniker »die Hundeartigen« nennen sollten.

Dann gab es noch die Schule der Vernunft von Aristoteles. Er studierte zwanzig Jahre lang bei Plato in der Akademie und gründete dann seine eigene Schule, das Lykeion. Ihm ging es vor allem um Balance und Mäßigung. Nur keine Extreme. Er stimmte Sokrates darin zu, dass wir alle uns Zeit für die Philosophie nehmen sollten, für das Studium der Kunst des Wohllebens. Aber er fand nicht, dass man dafür den Job kündigen und sich von der Welt zurückziehen solle. Man solle arbeiten, um sich Zeit für die Muße kaufen zu können – in der man sich dann bilden solle.

Das griechische Wort *schole*, von dem »Schule« abgeleitet ist, bedeutete Muße. Für die Philosophen war Muße ein größerer Schatz als Arbeit oder Geldverdienen. Mußezeit war der größte Luxus. Je mehr Mußezeit man ihrer Ansicht nach hatte, desto erfolgreicher war man.

Anhand dieser Gedanken gestalteten wir von der Idler Academy unser lateinisches Epigramm – *libertas per cultum* –, Freiheit durch Bildung.

Keine der antiken Schulen glaubte, dass Arbeit den Kern von Sinn und Erfüllung des Menschen bildete. Dieser verderbliche Mythos entstand viel später, als der Kapitalismus sich im Zuge der Reformation etablierte, sich unter den Protestanten des 17. und 18. Jahrhunderts weiterentwickelte und mit der Industriellen Revolution beschleunigte.

Die vielleicht wichtigste der großen griechischen Schulen hinsichtlich des Müßiggangs war die epikureische, gegründet von Epikur. Dieser erwähnt Arbeit in seinen Schriften kein einziges Mal. Sein Ziel war es, den Menschen zu helfen, *ataraxia* zu finden, was wir mit »Frieden« oder »Ungestörtheit« übersetzen würden.

Dafür zog er sich aus dem Stadtleben zurück, erwarb ein Haus vor den Toren Athens und nannte es den »Garten«. Er versammelte eine Gruppe Anhänger um sich, darunter Freunde, Paare, Kurtisanen sowie ein Sklave namens Maus. Heute würden wir das eine Gesinnungsgemeinschaft nennen. Diese Gruppe lebte dort fünfunddreißig Jahre lang und startete eine philosophische Bewegung, die

bis zum heutigen Tag lebendig ist. Wir verstehen »epiku-
reisch« als Synonym für Luxusleben, tatsächlich aber bedeutet es fast das Gegenteil. Epikur war stolz auf seine Genügsamkeit und prahlte, er könne von einer Kupfermünze
täglich leben. Er mied Wein und erfreute sich an Brot und
Wasser so sehr wie an einem Festmahl.

Dabei strebten die Epikureer durchaus nach Vergnügen und wollten Schmerzen vermeiden. Die Inschrift
über dem Eingang zum Garten Epikurs lautete angeblich:

Fremder, deine Zeit hier wird vergnüglich sein. Hier ist
das höchste Gut Vergnügen.

Epikur war Materialist. Er glaubte an die atomistische
Lehre, die von einem früheren Denker entwickelt worden
war, Demokrit. Für ihn ließen sich viele Ängste auf einen
irrationalen Glauben an Omen, Banne, Zauberei, Kon-
sumismus und Hokuspokus zurückführen. Könnte er die
Menschen von ihren absurden, grundlosen, abergläubi-
schen oder eitlen Annahmen befreien, dann würden die
Ängste verschwinden. Er vertrat die Ansicht, dass es kein
Leben nach dem Tod gibt und dass die Welt schlicht aus
Atomen und Leere besteht.

Bei Epikur bekommt man keine »Phantasien über die
Vorschung«, wie Karl Marx in seiner Doktorarbeit von
1842, »Differenz der demokritischen und epikureischen
Naturphilosophie«, schrieb, eindeutig ein Angriff auf
das stoische Verständnis des *logos*. Der erste Schritt zur
Freiheit war, den Hokuspokus zu verwerfen und die Welt
klar zu sehen, und diese Philosophie führte ganz offensichtlich zum Marx'schen Materialismus und zu dessen
berühmtem Diktum: »Religion ist das Opium des Vol-
kes« – ein Aphorismus, den auch der antireligiöse Epikur
geschrieben haben könnte.

Epikurs Innovation brachte eine veritable Bewegung hervor, und dreihundert Jahre später sagte der römische Anwalt und Philosoph Cicero, ein Fan Epikurs, über den epikureischen Fimmel: »Sie haben ganz Italien im Griff.« Man könnte seine Beliebtheit unter den Gutbetuchten Roms mit dem heutigen Achtsamkeitswahn vergleichen. Damals wie heute war den geschäftigen und erfolgreichen Klassen daran gelegen, ihre andere, philosophischere Seite vorzuführen, und so errichteten die Römer epikureische Stätten und schufen Bibliotheken mit epikureischen Büchern. Um ein bekanntes Beispiel zu zitieren: Vergil lebte in einer epikureischen Kommune in Neapel, wo er seine bukolischen Gedichte schrieb. Die *Georgica* sind Siro gewidmet, dem epikureischen Guru, der die Gemeinschaft leitete. Es gab viele mittelmäßige stoische Schriftsteller, doch es bedurfte eines Epikureers, um etwas wahrhaft Großes zu schaffen.

Zwar lehnten die Epikureer die organisierte Religion ab, glaubten aber dennoch an eine Art höhere Macht oder Götter. Epikur erzählte seinen griechischen Landsleuten, dass es die populären Götter, die kapriziösen Figuren des Mythos, gar nicht gibt. Er hielt sie für absurde Lügenmärchen, ähnlich wie die protestantischen Reformatoren Heilige, Wunder und das Fegefeuer für eitlen Aberglauben hielten, der das Volk in einem Angstzustand hielt und es dazu brachte, sein Geld skrupellosen Klerikern auszuhändigen.

Epikurs Götter waren vollkommen untätig. Sie zeigten uns nur den Weg. Sie waren Vorbilder des guten Lebens. Er stellte sich Götter als müßige Wesen vor, die auf Wolken herumsaßen und nichts taten. Ihrem Beispiel sollte man nacheifern. Je inaktiver, desto besser. Damit waren Epikurs Götter völlig anders als die fehlerhaften, hyperaktiven Götter der römischen Fantasie. Epikur meint, durch Aufklärung werde eine Vision dieser müßigen Götter entstehen:

> Sobald die Stimme der Vernunft von eurem gottgleichen Geist aufsteigt, um die Natur der Dinge zu artikulieren, löst sich der Schrecken in der Seele auf, die Mauern der Welt fallen, und ich sehe, was sich in der gesamten Leere zuträgt. Die heiligen Gottheiten manifestieren sich, ebenso ihre ruhigen Throne; die Winde stoßen sie nicht umher, Wolken bestreuen sie nicht mit Stürmen, kein Schnee, kein schneidender Frost entweiht sie mit fallendem Reif.

Tja, das war für mich schon immer ein Problem – ständig von fallendem Reif entweiht zu werden, Gott, ist das ärgerlich.

Der Epikur-Experte George K. Strodach glaubt, dass diese Gottheiten gänzlich müßig sind: »Ihre Vollkommenheit und Selbstbezogenheit befreite sie von jedweder Tätigkeit – von Bewegung und Tätigkeit jedweder Art sowie von den Pflichten und Verantwortungen, die Gottheiten normalerweise haben, etwa die Erschaffung und Beaufsichtigung der Welt.«

Epikurs Götter sind mithin herrlich faul, und wir sollten ihrem Beispiel folgen und mit einer oder einem Liebsten unter dem Laubdach faulenzen. Shakespeare imaginierte diese Szene in *Wie es euch gefällt* in einem sehr epikureischen Gedicht, das dann eindeutig das Leben von Balu dem Bären im *Dschungelbuch* beeinflusste, der uns sagt, wir sollten unseren Ärger und Zwist vergessen:

Unter des Laubdachs Hut,
wer gerne mit mir ruht
und stimmt der Kehle Klang

zu lust'ger Vögel Sang:
Komm geschwind! geschwind! geschwind!
Hier nagt und sticht
kein Feind ihn nicht
als Winter, Regen und Wind.

Wer Ehrgeiz sich hält fern,
lebt in der Sonne gern,
selbst sucht, was ihn ernährt,
und was er kriegt, verzehrt:
Komm geschwind! geschwind! geschwind!
Hier nagt und sticht
kein Feind ihn nicht
als Winter, Regen und Wind.

Balu, sollte man noch sagen, rät Mogli im Originalbuch, »nachzudenken und still zu sein«, mit anderen Worten, müßig zu sein.

Epikur hält einen weiteren Tipp bereit, um Ängste zu vermeiden, nämlich das politische Leben zu scheuen. Diese Meinung teilt er mit den anarchistischen Nichtwählern von heute: Indem man aufhört, sich als politisches Tier zu verhalten, meinen sie, fängt man an, Verantwortung fürs eigene Leben zu übernehmen, weil man dann nicht mehr darauf wartet, dass andere es für einen regeln.

Nachdem ich nun eine stoische Phase durchlaufen habe, würde ich sagen, dass der Stoizismus für den Alltagsgebrauch eine viel zu harte Philosophie ist. Zudem ist auch er Hokuspokus. Seine Lehrer sagen, dass alles einen Sinn und einen Zweck hat, und auch, dass man sich nicht aufregen soll, wenn die eigene Tochter stirbt. Was doch irgendwie, äh, hart ist.

Also der Epikureismus. Das Vergnügen genießen und zufrieden sein mit dem, was man hat.

Hier also mein erster Tipp. Lesen Sie über die alten Philosophiebücher und auch sie selbst. Der Akt des Lesens ist selbst eine Form des Müßiggangs. Lesen Sie langsam, schweifen Sie ab und halten Sie es wie Keats, der riet, nicht alles verstehen zu wollen und es gewissermaßen zu genießen, in einem Kuddelmuddel zu stecken, zu genießen, Philosoph zu sein.

UNTÄTIGKEITSPUNKTE

⊙ Lesen Sie *Wege zum Glück* von Epikur. Legen Sie es sich ans Bett, schauen Sie hin und wieder rein, genießen Sie die Ideen.
⊙ Lesen Sie *Das Symposium* von Plato. Es ist die Geschichte eines feuchtfröhlichen Abendessens, an dem die Besten des alten Athen teilnahmen: Aristophanes, Alkibiades und andere, und es ist der Quell von Ideen über »platonische Liebe« sowie den Ursprung des Wortes »Philosophie«, wie Sokrates von seiner Lehrerin, der Priesterin Diotima, offenbart. Lesen Sie jeweils nur wenige Zeilen, lassen Sie es sich durchs Hirn schwappen und sorgen Sie sich nicht, wenn der Sinn nicht klar wird.
⊙ Lesen Sie das *Handbüchlein der Moral* von Epiktet wegen der Sichtweise der Stoiker.
⊙ Lesen Sie *Leben und Lehre der Philosophen* von Diogenes Laertius.
⊙ Lesen Sie einander abends oder bei einem Picknick Abschnitte aus den obigen vor. Vorlesen ist, wie schon gesagt, ein alter, vergnüglicher (und kostenloser) Müßiggang.

2
FÜHREN SIE EIN TAGEBUCH

Der Akt des Tagebuchschreibens ist purer Trotz,
eine Verteidigung des Persönlichen und
Privaten in einer zunehmend automatisierten,
verschlüsselten, algorithmisch organisierten Welt.
Michael Palin

Eine der zahlreichen großen Errungenschaften des reizenden Python Michael Palin ist sein Tagebuch. Seit 1958 schreibt er fast täglich etwas hinein. Er sagt, es sei eine »tägliche verbale und geistige Übung, die ich nicht mehr missen möchte«.

Als einer, der sich immer an einem Tagebuch versucht hat und daran gescheitert ist, suchte ich Rat und bat Palin daher für die Zeitschrift *Idler* um eine Anleitung zum Tagebuchschreiben. Mir ging es ums Praktische: wann er darin schreibt, wo, wie oft, in was für ein Notizbuch. (Wenn Sie Rat zu etwas suchen, holen Sie sich immer Hilfe bei jemandem mit erwiesenem Erfolg auf dem Gebiet.)

Der Text, den Palin dann schrieb, demonstriert ein Prinzip des Mußiggangs: Routine und Gewohnheit sind äußerst hilfreich. Das mag der Intuition zuwiderlaufen. Bedeutet Müßiggang denn nicht, das zu tun, wonach einem ist? Nein, denn wenn Sie Ihren Müßiggang nicht planen, geraten Sie leicht ins Visier der zahlreichen Aufmerksamkeitshändler, der Plattformen und Gaunereien von Silicon Valley, der Werbeleute, der Ablenker, die riesige Summen für Verhaltensforscher ausgeben, damit Sie auf ihren Seiten herumhängen, klicken und Geld ausgeben. Hier ist Planung Freiheit.

Ich habe Palins Rat befolgt und kann Ihnen berichten, dass er funktioniert. Ich pflege jetzt täglich ins Tagebuch zu schreiben. Jeden Morgen vor der Arbeit setze ich mich mit Füller und Notizbuch hin und schreibe die Ereignisse des Vortags auf. Das dauert ungefähr zehn bis fünfzehn Minuten.

Im Folgenden gebe ich Ihnen Palins wesentliche Ratschläge wieder:

➔ *Versuchen Sie, täglich zur selben Zeit Tagebuch zu schreiben. So wird es leichter das, was es sein soll – ein Teil Ihres Alltags. Ich schreibe es am Schreibtisch, bevor ich um neun Uhr mit der Arbeit beginne. Ich habe es schon am Abend desselben Tages versucht, aber da konnte ich das Geschriebene wegen der Weinkleckse nicht mehr lesen.*

➔ *Wählen Sie die richtige Ausrüstung. Ich bevorzuge ein stabil gebundenes Notizbuch. Das verleiht dem Tagebuch eine gewisse Bedeutung – etwas Substanzielles – und erhöht auch die Chance, dass es überlebt.*

➔ *Ich schreibe in Langschrift, was ich auch beibehalte. Ich habe die Sorge, dass mit der Hand schreiben bald zur vom Aussterben bedrohten Kunst wird. Und es ist auch etwas Sinnliches. Ich mag das Kontaktgefühl zwischen dem Füller in meiner Hand und dem Papier, auf das ich schreibe. Ich rede mir ein, dass die Gedanken dadurch besser fließen. Und es macht das Tagebuchschreiben zu etwas anderem als E-Mails und Keyboards, mit denen ich mein Tagesgeschäft bestreite.*

Besonders wichtig ist der letzte Punkt. In Tagebüchern liegt Müßiggang. Ein Tagebuch zu schreiben injiziert in Ihren Tag eine Periode einsamer Reflexion, ein wenig Ich-Zeit, um die Wendung zu benutzen, die man gern in Frauenzeitschriften liest, sowie ein paar kostbare Momente, die ebenfalls frei von den Sirenengesängen des Silicon Valley sind.

Ich darf noch hinzufügen, dass die Führung eines Tagebuchs wunderbar therapeutisch ist. Allein die Tatsache, dass man aufschreibt, was geschehen ist, hilft einem, sein Leben zu verarbeiten und es aus der Distanz zu betrachten – eine Glückstechnik, die die Stoiker wie auch die Therapeuten empfehlen.

Und wie viel Gefühl und Urteilskraft legen Sie in Ihr Tagebuch? Meine Freundin Rachel Hunt fragte mich, was ich hineinschriebe. Ich sagte: »Ach, einfach nur die Fakten – ›wieder ein öder Abend bei den Hunts‹.«

Ihr Tagebuch muss nicht nur die Aufzeichnungen der Tätigkeiten des Vortags enthalten. Man kann es in vielerlei anderer Hinsicht nutzen. George Orwell klebte Zeitungsausschnitte hinein. Ich klebe oft eine Quittung oder ein Bahnticket hinein. Solche ephemeren Dinge mögen heute langweilig erscheinen – aber stellen Sie sich nur vor, wie es ist, sie in zehn oder fünfzig Jahren zu betrachten.

Ihr Tagebuch kann auch als Notizbuch, Skizzenbuch oder gar Kollektaneenbuch Verwendung finden, was der Schreiblehrer der Idler Academy, John-Paul Flintoff, empfiehlt: Die Führung eines Kollektaneenbuchs ist eine Tradition, die leider fast ausgestorben ist. Es bedeutet einfach, ein Notizbuch zu führen, in das Sie Passagen aus Schriften anderer kopieren, die Sie mögen. Das Büchlein, das Sie gerade lesen, enthält Elemente eines Kollektaneenbuchs: Ich nutze es, um mit Ihnen Passagen aus

Schriften zu teilen, die ich mag. Ich hoffe, Sie teilen meine Begeisterung.

Flintoff liebt den konkreten Vorgang, Passagen anderer Autoren per Hand abzuschreiben. Er meint, das helfe ihm ungemein bei seinem eigenen Schreiben. Und, sagt er, Abschreiben ist eine altehrwürdige Technik:

> Als junger Mann schrieb Hunter S. Thompson *Der große Gatsby* ab – das ganze Buch. Das machte er sogar mehr als einmal – weil er wissen wollte, wie es ist, ein Meisterwerk zu schreiben. Noch vor hundert Jahren machte praktisch jeder Schriftsteller etwas Derartiges – verbale Wunder in einem »Kollektaneenbuch« sammeln, damit spielen und es im eigenen Werk aufbereiten. Auch George Eliot gehörte zu ihnen, deren Buch ich mir in der British Library ansah.

Kollektanieren, wie das hieß, war einst üblich, und manche dieser Bücher – exzentrische Anthologien, könnte man sie nennen – wurden auch veröffentlicht. Ein hübsches Beispiel ist *The Knapsack*, ein Kollektaneenbuch, das der Kunstkritiker Herbert Read (1893–1968) zusammengestellt hat. Es umfasst 600 Seiten Dichtung, Prosa, Fiktion und Essays. Es war für Soldaten bestimmt, ist aber ein hübscher Begleiter für jedermann. Ich habe eins auf dem Nachttisch liegen und stecke es bei Kurzausflügen in meine Reisetasche.

Ihr Tagebuch kann auch für Zeichnungen benutzt werden. Folgen Sie David Hockneys Rat und zeichnen Sie einfach, was gerade vor Ihnen ist. Eine Blume, ein Buch, eine Lampe. Auch der Akt des Zeichnens bringt Muße und Reflexion in Ihren Tag. Und an dessen Ende haben Sie etwas geschaffen. Ihre Seele wurde genährt.

Und natürlich ist da auch noch die alte Beschäftigung

des Müßiggängers: Kritzeln. Kritzeln ist das unvermittelte Sinnieren der Seele auf Papier.

Ein Tagebuch oder Journal ist eine Hilfe fürs Reflektieren, für kreative Gedanken, für die Seelenpflege. Jeder Müßiggänger sollte eines führen.

UNTÄTIGKEITSPUNKT

⊙ Kaufen Sie ein schönes Notizbuch. Ich verwende Europe Notemakers, Ringbücher mit hübschen bunten Deckeln. Setzen Sie sich jeden Morgen für zehn bis fünfzehn Minuten hin und schreiben Sie eine kurze Schilderung der Ereignisse des Vortags auf. Wiederholen Sie. Halten Sie sich an die Fakten. Machen Sie sich nichts draus, wenn Sie einen Tag verpassen. Das können Sie später mit einem kurzen Eintrag nachholen. Führen Sie in Ihrem Tagebuch nach und nach auch literarische Experimente durch. Notieren Sie Dialoge, malen Sie Szenen, kritzeln, zeichnen Sie.

3
STARREN SIE AUF EINE WAND

Auf dem Weg bleibt Sokrates immer weiter zurück,
und er winkt seinen Freund voran.
Als er am Haus anlangt, tritt er auf die Schwelle
des Nachbarn und steht meditierend dort.
Platon, *Das Symposion*

Dies ist eine SEHR einfache Form der Meditation bzw. des Müßiggangs, ich praktiziere sie täglich einige Male. Eine Wand zu finden ist leicht: Ich habe eine in meinem Garten, und im Haus gibt's auch jede Menge. Abends sitze ich dann auf einer Bank und starre auf die Wand, allein, fast immer mit einer Flasche Doom Bar, einem guten Ale aus Cornwall. Morgens vor dem Aufstehen liege ich im Bett, auf ein paar Kissen gestützt, und starre auf die Schlafzimmerwand.

Und ich nenne es nicht Achtsamkeit. Ich nenne es Meditation. Doch was ist Meditation? Nun, es ist nicht einfach eine Strategie der Stressbewältigung oder eine Methode des Fokussierens. Im Westen ist es das durch ihren säkularen Ableger Achtsamkeit geworden. Der Achtsamkeitswahn hat eine tausend Jahre alte spirituelle Übung übernommen, die uns mit einer höheren Macht oder einem universellen Bewusstsein verbinden soll, und zu einem Mittel gemacht, um am Arbeitsplatz voranzukommen.

Wenn Sie hören, dass der Tech-Kumpel Jack Dorsey, Mitbegründer und ehemaliger CEO eines Unternehmens namens Twitter, das Werbedaten verkauft, jeden Morgen eine halbe Stunde Achtsamkeit macht, dann können Sie sicher sein, dass sie zu einer Technik des Geldverdienens degeneriert ist.

Achtsamkeit wird auch von Großunternehmen als eine Methode eingesetzt, um die Mitarbeiter ruhig zu stellen und zu versuchen, sie vor Nervenzusammenbrüchen zu bewahren, die durch die Erkenntnis entstehen, dass sie in einem sinnlosen Beruf festsitzen, der der Welt keinen wirklichen Wert bringt.

Heute verheißt Achtsamkeit, weit entfernt davon, uns zu einem kosmischen Einssein mit dem Universum zu verhelfen, vielmehr uns in der kapitalistischen Welt voranzubringen oder dem Fabrikherrn zu helfen, Profite zu machen.

Und ihre Anwender ersinnen alberne Apps, für die wir zahlen und die ihnen haufenweise Cash bescheren. Ein Beispiel dafür ist der Erfinder eines Computerspiels namens Moshi Monsters. Er merkte, dass die Millionen, die er mit Moshi Monsters verdient hat, ihn nicht glücklich gemacht haben, also beschloss er, Millionen damit zu machen, den gestressten Massen per Mobiltelefon Achtsamkeit zu verkaufen, und das hat offenbar geklappt.

Manchmal, möchte ich hinzufügen, brauchen Sie gar keine Achtsamkeits-App. Sie brauchen nur Ihre Stelle zu kündigen und dafür etwas zu machen, was Ihnen gefällt.

Und hinsichtlich der wahren Meditation kann ich Ihnen mit einigem aufwarten. Als ich dreizehn war, trat mein Vater einer indischen spirituellen Organisation namens Brahma Kumaris (BK) bei. Das ist eine von Frauen geführte Gruppe mit mehreren hundert Zentren weltweit. Sie praktizieren eine Form von Yoga namens Raja Yoga. Das führte dazu, dass mein Dad Sex, Fleisch und Ehrgeiz abschwor, dafür um vier Uhr morgens aufstand und meditierte.

Ich fragte die Europa-Direktorin von BK, Sister Jayanti, wie sie Meditation definieren würde. Sie war sehr klar darin, dass es dabei darum geht, in Kontakt mit der eigenen Seele bzw. dem eigenen Geist zu treten, weg vom Ego, und nicht einfach eine Art von Stressbewältigung ist.

Meditation heißt, in der Lage zu sein, die Gedanken in eine ganz bestimmte Richtung fokussieren und die Gedanken auf das Bewusstsein des Wesens fokussieren zu können, das ich innerlich bin, das innere Wesen. Und zweitens, mich mit dem Göttlichen verbinden zu können. Diese beiden Teile umfassen Meditation.

Gelassenheit ist praktisch ein Nebeneffekt der Meditation.

Achtsamkeit ist etwas geworden, was Menschen in der säkularen Welt auf säkulare Weise bewerben – zum Beispiel, um den Unternehmern zu helfen, weil ihre Lehre die Aufmerksamkeit auf die Gegenwart fokussiere und einem gestatte, konzentrierter zu sein. Verfolgt man Achtsamkeit zurück, so ist sie mit den Hindu-Schriften verbunden, die wiederum aus den buddhistischen Schriften stammten. Ursprünglich stand dahinter der Gedanke, dass sie auf ein inneres Wesen fokussiert sein soll – aber irgendwo unterwegs ging das verloren.

Meditation senkt den Blutdruck, beruhigt den Körper, steigert die Ausdauer, hilft, Schmerzen, Hitze oder Kälte besser auszuhalten – alles sicher richtig –, doch das ist nicht der Zweck einer Meditation. Beim Meditieren verbindet man sich mit einem inneren Wesen und entdeckt Eigenschaften, die im Geist, in der Seele stecken. Durch die Verbindung mit dem Göttlichen erhält man einen Zustrom an Energie und Kraft.

Wand-Yoga, wie ich es nenne, darf sich genauso echtes Yoga nennen wie alle anderen auch. Und es gibt viele Yoga-Arten. Es folgt eine kurze Liste der wichtigsten und ihrer Bedeutung. Yoga bedeutet natürlich Vereinigung – Vereinigung mit dem Geist, Vereinigung mit dem Göttlichen.

Bhakti-Yoga: der Weg der Liebe und der Hingabe. Hier führen die Anhänger Rituale durch. Man kann es auch Religion nennen.

Hatha-Yoga: der Weg der Kraft. Es verwendet körperliche Übungen und Disziplin und ist im Westen vielleicht am bekanntesten. Diese Form des Yoga sagt, man könne Erleuchtung finden, indem man mit dem Kopf nach unten an einem Baum hängt oder allermindestens die Sonne begrüßt.

Karma-Yoga: das ist das Yoga der Tat. Ihre Arbeit und Pflichten sind das Yoga. Das könnte Kochen, Putzen, Waschen, alles sein. Oder auch Angeln.

Buddhi-Yoga: Hier fokussiert man nur den Intellekt und vergisst darüber alles andere.

Gyan-Yoga: der Weg des Wissens. Es ist das intellektuelle Yoga, das seinen Anfang im Studium des Ichs und in der Lektüre der Schriften nimmt.

Raja-Yoga: das königliche Yoga. Es vereinigt in sich die Essenz aller anderen Yogas. Darunter die Liebe und Hingabe in der Anbetung des Bhakti-Yoga wie auch das Verständnis des Wissens des Karma-Yoga. Um das zu können, muss man in der Welt verankert sein und dabei trotzdem die Verbindung zum Yoga aufrechterhalten.

Bank-Yoga: wurde von dem Comedian Arthur Smith erfunden. Über die Wunder der Bank später mehr.

Mein allabendliches Wand-Yoga ist eine großartige Mußezeit. Dann sitze ich einfach da und lasse den Geist schweifen. Auch mein morgendliches Wand-Yoga kann gut sein. Das einzige Problem dabei ist nur, dass dann vielleicht Victoria, meine Partnerin, hereinkommt, während ich gerade in einer tiefen Träumerei gefangen bin, und mich nach dem Passwort für Google Drive fragt. Man kann Wand-Yoga auch im Büro machen oder sogar auf dem Weg zu einer Party, wie Sokrates es in *Das Symposion* tut. Es ist Yoga für Leute, die keine Lust auf Yoga haben, um eine Sentenz von dem unvergleichlich witzigen Geoff Dyer zu stehlen.

Wand-Yoga lehnt Tagträumen nicht ab. Ich versuche nicht, den Kopf zu entleeren. Manchmal löse ich Streitereien dadurch auf, dass ich das, wofür ich streite, endlich aus dem Blickwinkel des anderen sehe. Das ist ein großer Nutzen der Meditation. Sie hilft beim Vermeiden. Dadi Janki, das verstorbene Oberhaupt der BKs, riet den Menschen, sich niemals zu streiten. Bei einem Streit gibt es bestenfalls einen Sieger, oft aber zwei Verlierer (wie jeder weiß, der mit Anwälten zu tun hatte). Meidet man jedoch Zank, ist die Chance groß, dass beide Seiten siegen.

Bei meinen Meditationen kommen mir Ideen, manchmal mache ich mir Sorgen, fallen mir Leute ein, denen ich einen Brief oder eine E-Mail schicken muss. Ich hoffe, es ist etwas Ähnliches wie der tranceartige Zustand, in den Sokrates eintritt, kurz bevor er zu der Abendgesellschaft in Platons *Symposion* kommt. Sokrates war Meditierender, und so haben sich ganze Stöße akademischer Literatur seinen seltsamen Träumereien gewidmet und den Lehren, die wir daraus ziehen können.

Gelegentlich erlebe ich aber auch einen Augenblick reiner Freude, dann bin ich mit allem verbunden und alles ist gut mit der Welt. Es geht darum, einen Raum in sich zu finden, wo Ruhe herrscht, eine Art abgeschiedene Hütte im Geist an einem murmelnden Bach. Genau darum dreht sich Yeats' Gedicht »Lake Isle of Innisfree«. Er sagt, er kann die Hütte des Friedens in seinem Geist finden. Selbst wenn er »auf den Pflastern grau« steht, schreibt er, »fühl ich's im tiefsten Innern des Herzens«.

UNTÄTIGKEITSPUNKTE

⊙ Planen Sie Ihre Wandmeditation. Finden Sie zwanzig Minuten am Beginn oder Ende des Tages und tragen Sie sie im Kalender ein.

⊙ Lassen Sie Ihren Geist schweifen. Kümmern Sie sich nicht um so eine abstrakte Vorstellung wie »den Geist leeren« – nicht mal die fortgeschrittensten Zen-Meister schaffen das. Seien Sie nett zu sich.

⊙ Ergreifen Sie den Augenblick. Sie können in eine sanfte Trance eintreten, während Sie auf den Bus warten oder Ihr Partner oder Ihre Partnerin sich vorm Verlassen des Hauses fertig macht, genau wie Sokrates. Sie werden merken, dass der Tag Ihnen viele Momente der Muße bietet, selbst wenn Sie in einer langweiligen Arbeit feststecken – wenn Sie nur danach Ausschau halten.

4
LEGEN SIE SICH EIN FAHRRAD ZU

Voltaire persönlich hätte das Fahrrad erfinden können, da es so viel zum Wohlergehen des Menschen und gar nichts zu seinem Verderben beiträgt. Gut für die Gesundheit, stößt es keine schädlichen Abgase aus und gestattet lediglich ein sehr gesittetes Tempo. Wie kann ein Fahrrad da nur ein schädliches Verkehrsmittel sein?
Angela Carter

Mit dem Kauf eines Fahrrads verbesserte sich mein Leben dramatisch.

Es ging vor allem um Sparsamkeit. Victoria und ich waren kurz zuvor aus dem wilden Exmoor zurück nach London gezogen. Das Geld war knapp, also gingen wir unsere Ausgaben durch. Die verblüffende Entdeckung war, wie viel wir für U-Bahn und Benzin ausgaben. Es waren 30 bis 40 Pfund die Woche.

Ein zusätzlicher Anreiz fürs Radfahren war, dass ich keinerlei körperliche Betätigung mehr hatte. Ich wurde zur Couchpotato, nachdem ich auf dem Land ein recht aktives Leben geführt hatte, Holzhacken, Umgraben und so weiter. Ein Fitnessstudio stand außer Frage. Warum Geld ausgeben, um mich zu quälen? Ein Fahrrad schien also eine Lösung für zwei Probleme zugleich zu bieten.

Dabei kaufte ich allerdings keines dieser absurd teuren Tausend-Pfund-Räder, auf denen man diese leistungsorientierten Sklaven Londons in Lycra zur Arbeit und wieder zurück fahren sieht. Es ist schade, dass Radfahren in London von diesen Extrempendlern beherrscht wird, diesen wütenden Schnaufern und Keuchern, die ein Vermögen für Ausrüstung ausgeben und sich bestrafen, nur um ihre Fahrtdauer ins Büro ihrer Sklaventreiber um ein paar Minuten zu verbessern, und dabei uns Übrige terrorisieren.

Ich habe selbst gesehen, wie diese Irren an einem Sonntag im Richmond Park Kleinkinder erschreckten.

Nein. Ich brauchte ein Trödelrad. In einem Fahrradladen in West-London riet man mir, mich auf eBay nach einem alten Raleigh Chiltern umzusehen. Ich fand ein hübsches grünes Herren-Chiltern für 99 Pfund, Baujahr 1996. Das Fahrrad kam. Es ist großartig und fährt sich wunderbar. Vielmehr war großartig, bis Victoria es lieh und es gestohlen wurde. Doch ich hatte das Glück, dass ein Nachbar ein Tourenrad ohne Schaltung für 70 Pfund verkaufte, also habe ich zugegriffen und fahre seitdem täglich damit.

Als Protest gegen die Tempomonster fahre ich langsam. Das genieße ich ungemein. Ich warte gehorsam an der Ampel und betrachte die Architektur um mich herum. Bergab geht's im Leerlauf. Ich sehe mich weniger als eine Art Tour-de-France-Teilnehmer, sondern vielmehr als Student in Cambridge um 1931 auf dem Weg zu einer aufregenden Vorlesung von F. R. Leavis. Morgens, auf dem Weg zu unserem Studio, radle ich an dem riesigen Einkaufszentrum Westfield vorbei, unterquere den Westway, wo Ponys stehen, passiere die Villen von Holland Park, dann weiter durch die Portobello Road und entlang dem Great-Western-Kanal, vorbei an den Langbooten mit den rauchenden Kaminen und den aufs Dach gebundenen Fahrrädern.

Das Wissen, dass ein solcher Gesundheit spendender, Geld sparender Segen so billig erhältlich ist, nimmt fürwahr wunder. Das Fahrrad ist Einfachheit, es ist Effizienz, es ist Freiheit.

Autos sind den Planeten tötende, Menschen tötende Metallklumpen – und eines zu kaufen muss wohl eine der langweiligsten Aufgaben sein, die der Menschheit des 21. Jahrhunderts bekannt sind, da man dabei in eine Welt aus purem, ungetrübtem Bullshit gesaugt wird.

Vor nicht allzu langer Zeit brachten wir unseren grünen fünfzehn Jahre alten Vauxhall, erst drei Jahre vorher für 1000 Pfund erworben, wegen der Fensterscheibe auf der Fahrerseite in die Werkstatt, wo uns dann der Mechaniker erzählte, das könnten wir vergessen. An dem Wagen sei so viel zu machen, dass die Reparaturkosten den Wert des Fahrzeugs übersteigen würden.

Nicht nur das, als Diesel wäre er in London bald praktisch illegal.

Und so waren wir widerwillig einer Welt von *Auto Trader*, Online-Suche, Darlehen und absurden Testberichten ausgesetzt, die Dinge wie »macht echt Spaß, ihn zu fahren« sagten. Macht Fahren wirklich Spaß? Oder ist es ein Mythos, den die Autoindustrie während der vergangenen hundert Jahre durch clevere Werbung immer aufs Neue verbreitet hat? Ich halte ich es wie Ivan Illich Lenin: Ich ziehe das Fahrrad vor und hätte lieber gar kein Auto. Aber da wir noch drei Teenager und einen Hund haben, fanden wir, wir brauchten doch eins.

Nun mussten wir uns entscheiden, was für eins es sein sollte. Ein Benziner, ein Elektrofahrzeug, ein Hybrid-Benziner oder ein Plug-in-Hybrid? Limousine, Fließheck, Kombi oder SUV? Groß oder klein?

Für kurze Zeit war ich auf die unerfreulichste Weise besessen. Ich merkte sogar, dass ich in eine Art inneren Dialog hineingesogen wurde – was für ein Auto würde mich am besten repräsentieren? Selbstredend nichts Knalliges oder Neues. Aber auch nichts zu Grottiges. Sparsam auf langen Fahrten. Ökologisch vernünftig (das ökologisch

Vernünftigste wäre sicher, überhaupt gar keins zu haben – aber warum sagt das niemand?).

Autos verkaufen sich als Freiheitsmaschinen, dabei sind sie das Gegenteil. Wenn Sie frei sein wollen, legen Sie sich ein Fahrrad zu.

UNTÄTIGKEITSPUNKTE

⊙ Radeln Sie langsam.
⊙ Halten Sie an den Ampeln bei Rot.
⊙ Bitten Sie Ihren örtlichen Fahrradhändler um Rat.
⊙ Ist es bei Ihnen hügelig, erwägen Sie ein Elektrorad.
⊙ Kaufen Sie ein ordentliches Schloss.

5
MACHEN SIE SANDWICHES

Schicke mir ein Töpfchen Käse, damit ich mir,
wenn ich mag, ein Festmahl bereiten kann.
Epikur in einem Brief an einen Freund.

Es ist eine feststehende Tatsache, dass es noch niemand bereut hat, ein Sandwich zu machen.
Denn im Sandwich ist Freiheit. Freiheit vom Geschmack und den Wünschen anderer. Freiheit der Wahl. Für Ihre Sandwiches können Sie jedes Brot nehmen, das Sie mögen, und es mit allem füllen, was Sie mögen. Warum sie also nicht selber machen?

Rational betrachtet, ist der Kauf eines Sandwichs bei einem gewerblichen Anbieter ein Akt finanzieller Fahrlässigkeit. Das gleiche Sandwich, das Sie in einem Geschäft einen Fünfer kostet, beläuft sich bei heimischer Assemblage auf bloße Pennys.

Wenn Sie Ihr Sandwich dann im Zug oder auf einer Parkbank auspacken, werden Sie mit Befriedigung erfüllt sein und sogar die armen Kaufsüchtigen um sie herum, die für ihre kommerziellen Zubereitungen astronomische Summen hingelegt haben, ein wenig bedauern.

Ich mache mir ein Spiel daraus, die Kosten meines Mittagsmahls auf ein Pfund zu beschränken. Das erreiche ich dadurch, dass ich ein schlichtes Käsesandwich mache, begleitet von einem Apfel. In meiner Fantasie ist das ein *Ploughman's Lunch* von jener Art, wie sie mittelalterliche Bauern aßen, während sie sich nach einem harten, mit Pflügen verbrachten Vormittag mit einer Flasche Bier an einem Baum ausruhten.

Meine andere Taktik besteht darin, ein paar Reste aus dem Kühlschrank zu holen und sie zu etwas Essbarem zusammenzufügen.

Ein weiterer Genügsamkeitstipp, verwandt mit dem Sandwich-Machen, ist die Kaffee-Vermeidung. Ich kaufe nur sehr selten Kaffee in Coffeeshops. Dort ist er absurd teuer und oftmals scheußlich.

Und wir trinken zu viel davon. Kann man dem Schlaf-guru Matthew Walker Glauben schenken, dann stört Kaffee nach zehn Uhr vormittags Ihren Schlaf. Also trinke ich einen kleinen schwarzen Kaffee zum Frühstück, gebraut in einer kleinen Espressomaschine, das war's auch schon. Eine 250-Gramm-Packung Kaffee, die rund drei Pfund kostet, ergibt mindestens 30 köstliche Tassen. Für jeweils 10 Penny. Drei Pfund für einen Monat Kaffee.

Ich berechne, dass ich, indem ich Sandwiches mache und Coffeeshops meide, mindestens 35 Pfund die Woche spare. Multipliziert mit sechsundvierzig Arbeitswochen beliefe sich das auf 1600 Pfund, genug für einen Maßanzug, ein Paar Brogues von Church's, ein brillantes Kunstwerk oder ein Luxuswochenende für zwei in Neapel.

Genügsamkeit kann Spaß machen. Sie kann auch befreien. Schon allein der Vorgang, das Sandwich zu machen, gewährt täglich einen Augenblick von Autonomie und Kreativität. Ich finde es herrlich, dass Walter White in *Breaking Bad* sich trotz seines stetig wachsenden Drogenreichtums jeden Morgen ein Erdnussbutter-Marmeladen-Sandwich macht, bevor er zu einem harten Arbeitstag mit Jessie Pinkman im Meth-Labor aufbricht.

Sokrates und die Epikureer hatten dazu eine klare Haltung: So viel braucht man gar nicht, um glücklich zu sein. Es geht nicht darum, jede Menge Geld zu haben, sondern frei von Geldsorgen zu sein. Es ist also logisch und sinnvoll, die Ausgaben zu reduzieren.

Aber vielleicht möchte man seine Einkünfte ja auch ein wenig steigern. Denn relative Armut möchten Sie doch gern vermeiden, zumal wenn Sie eine Familie haben. Victoria und ich durchlitten schmerzliche zwei Jahre, als wir beständig Geldsorgen hatten. Unser Laden war eingegangen, ich hatte keine Buchverträge und praktisch keine journalistischen Aufträge. Ich war gezwungen, ziemlich verzweifelt alles zu schreiben, was die *Daily Mail* wollte. Hungern mussten wir nicht, wir aßen ganz gut, und ich konnte mir auch billiges Bier leisten, trotzdem dachten wir unablässig über Geld nach. Das erschöpfte uns. Wir fühlten uns knickerig und ließen es an den Kindern aus. Auf unsere reichen Freunde wirkte unsere Genügsamkeit wie Geiz.

Mit unserem jetzigen ordentlichen Einkommen – mehr als eine Krankenschwester, weniger als ein Arzt – sind wir sehr glücklich. Wir haben genug. Wir haben reichlich. Es ist der Mittelweg.

Das Leben eines Diogenes oder Franz von Assisi taugt nicht für jeden. Es ist nur etwas für die wirklich extremen Fälle. Obwohl, mein Dad hat's gemacht. Als er die Meditation und den geistigen Weg entdeckte, verschenkte er sein ganzes Geld und seine Habe (leider nicht mir) und begann, als mein Bruder und ich das Haus verließen, ein Leben in Armut. Er wurde Saddhu.

Das mag in Ordnung sein, wenn man allein ist und niemand von einem abhängt. Aber mit einer fünfköpfigen Familie braucht man doch Bares.

Von denen da oben weiß man, dass sie den unteren Schichten Genügsamkeit predigen, sich selbst diesbezüglich jedoch nicht auszeichnen. In seinen 14 »Führungsprinzipien«, eine Art vage formulierte Zehn Gebote für seine Million Verkaufssklaven (sorry, »Athleten«), tritt Jeff Bezos für »*frugality*«, Genügsamkeit, ein. Offensichtlich ist er selbst in seinem Alltag nicht genügsam, vielmehr verschwendet er Millionen für Weltraumflüge, und auch seinen Kunden legte er Genügsamkeit nicht nahe, da das schlecht für seinen Aktienkurs wäre. Genauso verhält es sich mit dem ehemaligen Finanzminister des Vereinigten Königreichs, George Osborne. Nachdem er uns mehrere Jahre lang gesagt hat, wir müssten den Gürtel enger schnallen, unsere Ausgaben reduzieren und genügsam sein, begann er eine veritable Orgie des Geldscheffelns, indem er bei verschiedenen dubiosen Investments einstieg, um sein Nest mit Hermelin und Goldfedern zu polstern.

Schlussendlich möchte ich noch einmal das häufig wiederholte Argument betonen, dass Genügsamkeit gut für den Planeten ist. Vergleichen Sie Ihren ökologischen Fußabdruck, wenn Sie Ihr Sandwich selber machen, mit dem, wenn Sie es kaufen, inklusive der ganzen Plastikverpackung, der Transportkosten und sehr wahrscheinlich der Ausbeutung der Arbeiter, die die Sandwiches herstellen. Selbst gemachte Sandwiches sparen Geld und retten auch noch den Planeten.

UNTÄTIGKEITSPUNKTE

⊙ Ich brauche Ihnen nicht zu sagen, wie man ein Sandwich macht. Meine sind recht einfach: Brot und Käse. Aber ich nehme gutes Sauerteigbrot und lege leckere Pickles dazu. Packen Sie es in eine Tupperware-Dose oder wickeln es in Alufolie. Geben Sie einen Apfel dazu.
⊙ Belegen Sie den Sauerteigkurs bei Academy.

6

BLEIBEN SIE IM BETT

Wenn Sie wirklich im Bett bleiben, dann nur ohne
jeden Grund und jede Rechtfertigung. Dabei rede
ich natürlich nicht von den wirklich Kranken.
Doch wenn ein gesunder Mensch im Bett bleibt,
so soll er es ohne den kleinsten Vorwand tun, und
er wird als gesunder Mensch aufstehen.
G. K. Chesterton

Morrissey ist nicht gerade der Hit. Seine Ansichten zum Brexit kommen bei alternden Smiths-Fans wie mir nicht sonderlich gut an. Dabei muss ich zugeben, dass mir seine letzte Single »Spent the Day in Bed« gut gefallen hat. Darin rät er seinen Hörern, den Tag als Akt des Widerstands gegen den Industriekapitalismus im Endstadium im Bett zu verbringen. »No bus, no boss, no rain, no train«, sagt er, womit er das herrliche Gefühl der Selbstbestimmung, das uns überkommt, wenn wir uns drücken, hervorragend einfängt.

Er hat vollkommen recht. Und wer im Bett bleibt, vermeidet nicht nur Pendeln und Bosse, sondern schädigt auch sonst niemanden. Morrisseys Aussage erinnert hier an Pascals berühmtes Zitat übers Daheimbleiben:

Wenn ich manchmal über die verschiedenen Aktivitäten der Menschen nachdenke, die Gefahren und Nöte, denen sie sich bei Hofe oder im Kriege gegenübersehen, welche so viel Zank und Leidenschaft wecken, wagemutige und böse Unternehmungen und so weiter, habe ich oftmals gesagt, dass die einzige Ursache des menschlichen Unglücks die ist, dass er nicht weiß, wie er still in seinem Zimmer bleiben soll. Ein Mensch, dessen Lebensunterhalt gesichert ist, würde niemals sein Haus verlassen, um zur See zu fahren oder irgendeine Festung zu belagern, wüsste er nur, wie man zu Hause bleibt und sich daran freut.

Als es zu den Lockdowns kam, griff ich begierig nach den großen Daheimbleib-Büchern wie Huysmans' *Gegen den Strich*, das von einem reichen Einsiedler handelt, der seine Hausschildkröte mit kostbaren Edelsteinen besetzt, und natürlich *Reise um mein Zimmer* von dem Mann mit dem schönen Namen Xavier Le Maistre, einem Aristokraten aus dem 18. Jahrhundert, der sich zur Erholung von Wunden, die er in einem Duell erhielt, zweiundvierzig Tage lang im Lockdown befand.

Wir alle haben gelesen und wissen vielleicht auch aus eigener Erfahrung, dass die Lockdowns zu einem Anstieg der Leute führten, die im Home-Office arbeiten, häufig abgekürzt als WFH – »Work from Home« (wie auch zu einer außerordentlichen Explosion der ohnehin schon massiven Profite von Apple, Facebook, Google und Microsoft).

Weniger jedoch hören wir vom Arbeiten im Bett oder Bed-Office.

Was gewiss doch der nächste Schritt ist und auch die Antwort auf die Probleme, einen ruhigen Ort fern von Lieferanten und Kindern zu finden, wo alles, was man braucht, bequem in Reichweite ist und man in einer Stellung liegen kann, die kreativem Denken und friedvollem Sinnen zuträglich ist. Nennen wir es doch WFB – »Work from Bed« – in der modernen Art der Drei-Buchstaben-Kürzel (oder DBK).

Überdies können Sie mit WFB nach dem Mittagessen in

einen hypnagogen Zustand hinübergleiten, ohne dass Sie sich bewegen müssen.

Im Bett arbeiten hat eine lange, edle Geschichte. Der Schutzheilige des *Idler*, Dr. Johnson, war weithin bekannt dafür. Er lag den ganzen Vormittag im Bett, manchmal länger, und las sein Lieblingsbuch, *Die Anatomie der Melancholie* von Robert Burton, oder dachte einfach nur nach. Obwohl Johnson dazu neigte, sich wegen dieser vermeintlichen Faulheit zu geißeln, gebar die Bettzeit, die er einsetzte, jene Gedanken, die er später niederschrieb, wenn er sich schließlich zu literarischer Aktivität aufraffte.

Florence Nightingale legte sich bekanntermaßen 1857 in ihrem Haus in Mayfair ins Bett, wahrscheinlich erschöpft von der Anstrengung, die moderne Krankenpflege erfunden zu haben, und blieb dort bis zu ihrem Tod 1910. In ihrem Liegezustand war sie außerordentlich produktiv, sie schrieb haufenweise Briefe, Berichte und Bücher über die Krankenpflege. John Lennon liebte sein Bett und arbeitete bekanntermaßen eine Woche lang im Amsterdamer Hilton. Proust war eindeutig bettlägerig, und Paul Bowles (1910–1999), der Liebling der Beatniks und Autor von *Himmel über der Wüste*, arbeitete im Bett in Tanger, zweiundfünfzig Jahre lang seine Heimat, wo er 1993 auch von dem Romancier Marcel Theroux für den *Idler* interviewt wurde.

Aber Sie müssen kein Popstar, kein Romancier und auch keine Pionierin in der Behandlung von Krankheiten sein, um im Bett zu arbeiten. Zwar ist mir bewusst, dass Müllwerkern, Lieferanten, Bauarbeitern und einer sehr großen Masse weiterer Arbeiter und Arbeiterinnen diese Option nicht offensteht, dennoch kann ein Versicherungsmakler, ein Programmierer oder Anwalt gewiss wenigstens einen Teil des Arbeitstags im Liegen auf einer Bank mit einer Schicht Kissen, einem Laptop, einer Tasse

Pfefferminztee und einem Stapel alter Bücher in Reichweite verbringen. Warum denn nicht?

Ja, heute erzählen mir die Zeitungen, dass es als Ergebnis der Pandemie die Norm sein wird, drei Tage die Woche zu Hause und zwei im Büro zu arbeiten. Genau das ist die Zukunft, um die ich gebetet hatte, als ich den *Idler* gründete. Wie mir mein Freund, der Pionier des organischen Essens, der John Lennon und Yoko Oko makrobiotisches Essen lieferte, Craig Sams, schrieb: »Ein Virus hat nur Monate gebraucht, um das zu erreichen, wofür Du jahrelang geschuftet hast.«

Das sind tolle Neuigkeiten: Es bedeutet mehr Autonomie, weniger Pendeln, weniger Energieverbrauch, mehr im Bett arbeiten und im Bett bleiben.

Bett bedeutet Ideen. Bett bedeutet kreatives Denken. Wie der große G. K. Chesterton in seinem Essay zum Lob des Im-Bett-Liegens schrieb: »Ich bin sicher, dass die ursprüngliche Eingebung, die Decken von Palästen und Kathedralen mit einer Orgie von gefallenen Engeln oder siegreichen Göttern zu bemalen, von Menschen in meiner Lage kam.«

UNTÄTIGKEITSPUNKTE

⊙ Schauen Sie in Ihren Kalender. Wählen Sie einen Tag in der nahen Zukunft aus, an dem Sie im Bett bleiben wollen. Tragen Sie »Betttag« in Ihren Kalender ein. Gönnen Sie sich diesen Tag.

⊙ Stehen Sie eine Stunde später als sonst auf.

⊙ Werfen Sie Schuldgefühle ab. Im Bett bleiben ist gut für Sie und gut für den Planeten.

7
BEDENKEN SIE DIE TIERE

*Sehet die Vögel unter dem Himmel an; sie säen
nicht, sie ernten nicht, sie sammeln nicht in die
Scheunen; und euer himmlischer Vater nährt sie
doch. Seid ihr denn nicht viel mehr denn sie?
Wer ist aber unter euch, der seiner Länge eine Elle
zusetzen möge, ob er gleich darum sorget?*
Matthäus 6, 26–27

Wie Jesus in der Bergpredigt sagte, leben Tiere für den Augenblick und machen einfach weiter. Sie lehren uns, ohne Anspannungen zu leben. Sie leben schlicht. Sie können uns etwas beibringen. Erinnern Sie sich daran, dass die kynischen Philosophen das Leben eines Hundes erstrebten. (Wobei die Vögel mit ihren paranoiden Kopfbewegungen immer extrem angespannt auf mich wirken, aber wir verstehen, was Christus gemeint hat.)

Wir lieben Tiere. Und wir lieben Haustiere.

Warum ist das so? Weil die Haustiere den Müßiggang mit sich bringen. Sie zwingen uns, uns aus der Welt des Geldes, der Chefs und des Konsums auszuklinken. Sie veranlassen uns zu Spaziergängen, bei denen wir Bäume und Wolken sehen und mit Nachbarn sprechen. Sie führen uns mit unserer Familie zusammen. Es ist so eine Freude, unsere Haustiere zu betrachten. Sie bewohnen eine andere Welt, eine Welt, in der für den Augenblick gelebt wird, der vollkommenen Freiheit von Schuld und Anspannung. Im 19. Jahrhundert gab es die Manie, Vögel als Haustiere zu halten, in Käfigen und auf Stangen. Praktisch überall gab es Papageien. Warum? Weil sie faszinie-

rend sind, nichtindustriell, unberührt von Fernsehnach-
richten, freudig.

Heute haben wir Katzen und Hunde. Katzen sind Müßiggänger. Sie widmen ihr Leben dem Vergnügen und
dem Schlaf. Sie arbeiten nicht, es sei denn, man betrachtet fünf Minuten täglich Jagen als Arbeit. Dabei tun sie genau das, was sie wollen. Hunde verstehen sie nicht. Als wir
unser neues Hündchen Pilot unserer Katze Milly vorstell-
ten, die schon zehn Jahre bei uns war, schaute sie es an
und schlug ihm mit der Pfote ins Gesicht. Das bestimmte
fortan ihr Verhältnis. Auch wenn sie den Hund nie mehr
schlug, ließ er sie in Ruhe, und sie lebten in einer gewissen Harmonie zusammen, aber auch mit vollkommenem
gegenseitigem Unverständnis.

Der beste Katzenbedenker war der liebenswerteste aller Renaissance-Autoren, Montaigne, der bekanntermaßen schrieb: »Wenn ich mit meiner Katze spiele, woher
weiß ich, dass sie nicht eher mit mir spielt als ich mit ihr?«
Was an sich schon eine Darlegung von Montaignes philosophischer Einstellung ist: Er verkündet nicht, er fragt.

Hunde sind nicht gerade Müßiggänger. Sie sind gern
aktiv: schnüffeln, jagen, fressen, bellen, mit dem Schwanz
wedeln, lachhaft fröhlich sein. Aber sie liegen durchaus
auch gern mal herum und tun nichts.

Unsere Haustiere sind unsere häusliche Safari. Sie erfüllen uns mit Staunen, weil sie in einer anderen Welt leben, ohne Sorgen über morgen. Sie machen uns begreif-
lich, dass die objektive Wirklichkeit nicht existiert: Sie
sehen und bewohnen eine vollkommen andere Welt als
wir. Sie sieht anders aus und riecht auch anders.

Neben den Haustieren beobachten wir gern Tiere in
Büchern und Fernsehsendungen. Kürzlich brachten wir
im *Idler* einen tollen Artikel von einem Schildkröten-
züchter. Er schrieb, Schildkröten zu betrachten sei der

geistigen Gesundheit ausgesprochen zuträglich. »Hätten Schildkröten eine Philosophie, dann wäre sie – gut oder schlecht –, ›dass auch das vorbeigeht‹, was in diesen unruhigen Zeiten ein stabilisierender Einfluss sein könnte.«

Das Lieblingstier des *Idler* muss jedoch das Faultier sein, und zu unserem Glück hat die große Zoologin Lucy Cooke, die Gründerin der *Sloth Appreciation Society*, über dieses liebenswert langsame Tier für unsere Zeitschrift geschrieben. Faultiere werden häufig verspottet, aber erinnern Sie sich, dass Balu der Bär aus Kiplings *Dschungelbuch* ein fauler Lippenbär war, und er war das klügste Tier des Dschungels.

Cooke zufolge sind Faultiere unglaublich entspannt und gewaltfrei, selbst auf laute Geräusche reagieren sie kaum. Sie sind die Gandhis der Tierwelt:

Manche glauben, dass die Nerven des Faultiers sich sogar dahin entwickelt haben, nicht auf laute Geräusche zu reagieren, damit sie nicht zusammenzucken und sich verraten, wenn sie Angst bekommen. Es ist also zwecklos, zu einem Faultier *buh!* zu sagen; es ist schlicht zu entspannt, um es wahrzunehmen.

Diese Tatsache wurde von dem berühmten amerikanischen Naturforscher William Beebe entdeckt, der damals, in den 1920er Jahren, als wissenschaftliche Bestrebungen noch ein Gentleman-Sport waren, zehn Tage lang einem Dreifinger-Faultier quer durch den Regenwald folgte.

»Ich habe direkt neben einem schlummernden Faultier und einem, das gerade fraß, ein Gewehr abgefeuert und nur geringe Aufmerksamkeit erregt«, erklärt er in seinem Journal.

Wahrscheinlich hofften sie, dass er sie, wenn sie ihn ignorierten, in Ruhe lässt und ein anderes Tier im Namen der Wissenschaft ärgert. Aber vergebens. Beebe nervte die Faultiere volle zehn Tage und Nächte lang, er stupste und knuffte sie, bis er es schließlich schaffte, dass es einem dieser sanftesten Geschöpfe der Welt zu bunt wurde.

Dazu notierte er: »Bei voller Wut langt das männliche Faultier in diesem Stadium langsam nach vorn, öffnet das Maul und versucht einen trägen Biss.«

UNTÄTIGKEITSPUNKTE

⊙ Legen Sie sich einen Hund, eine Katze oder eine Schildkröte zu.
⊙ Erwägen Sie ein Faultier.
⊙ Beobachten Sie Vögel. Ornithologie ist für Müßiggänger ein schönes Hobby.

8

BAUEN SIE EINEN SCHUPPEN

Ich will nun aufstehen und gehen, nach Innisfree
und dort eine kleine Hütte bauen,
aus Lehm und Flechtwerk.
W. B. Yeats

Virginia Woolf sagte, wir bräuchten ein Zimmer für uns allein, in das wir uns zurückziehen und wo wir arbeiten können. (Sie sagte auch, man müsse Privatier sein, aber ein Schuppen ist die demokratischere Option – die meisten können einen Schuppen bauen oder kaufen, aber praktisch niemand kann als Privatier leben. Törichte Virginia!)

Für unsere Zwecke wird das Wort »Schuppen« eine ziemlich breite Bedeutung haben. Es könnte auch ein Raum in dem Haus sein, in dem Sie arbeiten, ein Atelier, eine »Männerhöhle« oder eine Ecke in der Garage. Unlängst habe ich amüsiert einen Artikel in der *Financial Times* über Schuppen gelesen. Dort hat man einige ausgesucht, um sie den Lesern zu empfehlen. Aber sie nannten sie nicht Schuppen. Eingedenk der Ambitionen ihrer aufstrebenden Leserschaft nannten sie diese Schuppen »architektendesignte Gartenwerkstatträume«. Und sie waren unfassbar teuer.

Einen Schuppen zu kaufen oder zu bauen ist eine der höchsten Freuden, die der Menschheit bekannt sind. Endlich können Sie ArchitektIn, InnenausstatterIn, KünstlerIn und PhilosophIn sein. Als ich den Comedian und Maler Vic Reeves besuchte, entdeckte ich zu meiner Freude, dass in seinem Garten vier Schuppen stehen, wovon

einer sein Atelier ist, in das er sich täglich um 8 Uhr zu-
rückzieht und das er erst um 13 Uhr wieder verlässt.

Ein Schuppen lässt sich schon mit kleinem Geld er-
richten. Der *Idler*-Autor Graham Burnett hat seinen für
500 Pfund gebaut und andere angeregt, es ihm nachzutun.
Das Holz kann man kostenlos als alte Paletten bekommen
(dann braucht man allerdings entsprechendes Werkzeug,
um diese zu zerlegen, und Zeit).

Ich habe keinen Schuppen im eigentlichen Sinn. Aber
ich habe ein kleines Arbeitszimmer, ungefähr zwanzig
Fahrradminuten von meiner Wohnung entfernt. Darin
haben vier Leute Platz, und manchmal ist es voll. Aber
meistens bin ich dort allein oder mit Victoria. Um 11 Uhr
mit dem Fahrrad anzukommen und bis sechs zu bleiben,
nur um zu arbeiten, herumzuwerkeln und Musik zu hören, ist ein großer Luxus. So etwas wollen sogar reiche
Erfolgsmenschen. Damien Hirst, der machen kann, was
er will, und es auch immer gemacht hat, fährt Tag für Tag
von seinem Haus in West-London zu seinem Atelier am
Fluss in Hammersmith und malt bis sechs, dann fährt er
wieder nach Hause. Auch Damon Albarn verbringt seine
Arbeitstage in seinem Studio.

Ja, Sie können auch am Küchentisch oder in der Bibliothek arbeiten. Aber wenn Sie ein Zimmer für sich allein,
einen Schuppen oder ein Atelier finden können, dann
kommt das Glück zu Ihnen. In einem Schuppen herrscht
Frieden.

George Bernard Shaw arbeitete bekanntermaßen in
einem Drehschuppen. Das war zu einer Zeit, so Alex
Johnson, der »Schuppen«-Korrespondent des *Idler*, als
»idyllische ländliche Umgebungen zunehmend wert-
geschätzt wurden – wovon eine Nachwirkung war, dass
die Leute sich Gartenhäuser hinstellen ließen. Shaw
machte das Beste aus dieser Bewegung, indem er sich als

einsiedlerischen Denker darstellte, der in seinem rusti-
kalen Unterstand ackert, fern der Zudringlichkeiten von
Presse und Personen gleichermaßen, um gleichzeitig jedoch Zeitungen und Zeitschriften herzubestellen und für
Fotos zu posieren.«

Shaws Schuppen, so Johnson, war ziemlich hightech:

Shaws Schreibhütte war ein sechs Quadratmeter großes hölzernes Sommerhäuschen, das ursprünglich für
seine Frau Charlotte gedacht und angeregt war von
einem ähnlichen seines Nachbarn Apsley Cherry-Gar-
rard, des Naturforschers, der Scotts Expedition in die
Antarktis angehörte, die er als *Die schlimmste Reise
auf der Welt* beschrieb. Die Hütte wurde auf einem
drehbaren Sockel errichtet, im Grunde ein Schuppen
auf einem Drehgestell. Das bedeutete, dass die Hütte auf seinem Anwesen in Ayot St. Lawrence, Hert-
fordshire, je nach Lichteinfall oder um die Aussicht zu
wechseln (oder auch nur um sich ein bisschen körper-
lich zu betätigen) gedreht werden konnte. Zu ihrer Zeit
auf dem spektakulären Höhepunkt der Technik, besaß
sie auch eine elektrische Heizung, eine Telefonverbin-
dung zum Haus sowie einen Wecker, der den Nobel-
preisträger darauf aufmerksam machte, wenn es Zeit
fürs Mittagessen war. Shaw genoss das Alleinsein besonders deshalb, weil es dem Hauspersonal gestatte-
te, Besuchern mit einer gewissen Ehrlichkeit mitzutei-
len, dass »Mr Shaw außer Haus« ist, um Störungen
vorzubeugen. Aus demselben Grund nannte er seine
Hütte »London«. (»Es tut mir leid, Sir, Mr Shaw ist in
London.«)

1890 sagte Shaw in der Zeitschrift *World*:

Jeder Ort mit einem Bett und einem Schreibtisch ist so charakteristisch für mich wie jeder andere.

Eine vollkommene Einsiedelei sollten Müßiggänger meiner Ansicht nach jedoch vermeiden. Schließlich sind wir ja soziale Wesen. In einer *Idler*-Nummer während der Pandemie brachten wir einen Auszug aus einer Kurzgeschichte von Charles Dickens über Mr Mopes den Einsiedler. Mr Mopes war dem realen Einsiedler Mad Lucas nachgebildet, der allein im Elend in einer verdreckten Zelle auf dem Landgut seiner toten Eltern lebte. Dickens hasste ihn, und der Grund war ziemlich klar: Das Leben musste gelebt, nicht gemieden werden. Er beschreibt den Einsiedler wie folgt:

Eine Mischung aus Newgate, Irrenhaus, einem Schuldturm zu schlimmsten Zeiten, einem Schornsteinfeger, einem Dreckfink und dem Edlen Wilden!

Nachdem er mit dem ungewaschenen Mr Mopes eine Weile gestritten hat, kommt Dickens zur Sache: »Wir müssen aufstehen, uns das Gesicht waschen und unsere gesellige Arbeit tun«, sagt er mit Verweis auf die schmutzige Lebensweise des Einsiedlers.

Andererseits wollen wir doch nicht so weit wie Dickens gehen. Er war übermäßig aktiv. Er brachte nicht nur fünfzehn der größten Romane hervor, die je geschrieben wurden, sondern redigierte und veröffentlichte in Wochenzeitschriften, unternahm zwanzig Kilometer lange Spaziergänge, tingelte durch die Theater mit seiner Einmann-Show und betrieb auch noch ein Heim für misshandelte Ehefrauen. Wahrscheinlich arbeitete er sich zu Tode: Er starb im Alter von 58 Jahren nach einer mörderischen Vortragsreise durch Amerika.

So wollen wir denn unsere gesellige Arbeit tun, aber auch gut zu jener Seite von uns sein, die nach Innisfree will, dort eine Hütte aus Lehm und Flechtwerk bauen und allein im Bienenlärm auf einer Lichtung leben. Die Antwort ist ein Schuppen.

UNTÄTIGKEITSPUNKTE

⊙ Gehen Sie auf idler.co.uk und suchen Sie »shed«.
⊙ Zeichnen Sie Ihren idealen Schuppen auf ein Blatt Papier. Träume beginnen mit einer Zeichnung.

9
SPIELEN SIE UKULELE

Es gibt bei Sokrates nichts Bemerkenswerteres,
als dass er als alter Mann die Zeit fand,
Musik und Tanz zu lernen, und meinte, dass
die Zeit so gut verbracht war.
Montaigne

Absolut sinnlos und total uncool – wir beim *Idler* engagieren uns seit langem für die Ukulele als Freundin eines glückhaften, guten Lebens. (Uncool und sinnlos ist die Ukulele, nicht wir beim *Idler*.)

Wie Angeln ist auch Ukulelespielen sanktionierter Müßiggang und unter dem Vorwand, ein Instrument zu lernen, eine Art, nichts Nützliches zu tun. Es ist das ideale Schwänzinstrument. Gerade seine Sinnlosigkeit ist ihr Sinn: Es bietet uns eine Flucht aus dem Arbeit-Geld-Geflecht. Es ist antiutilitarisch. Es ist romantisch. Für mich symbolisiert es Frohsinn.

Auch ist die Ukulele leicht zu transportieren. Ich habe etliche, eine davon im Büro. Manchmal bin ich allein dort und habe einen Haufen Arbeit zu erledigen. Das ist der ideale Augenblick, zur Ukulele zu greifen, »Pinball Wizard« zu üben und eine Stunde lang Dinge aufzuschieben. Sie können eine im Auto lagern und im Stau oder an der Ampel üben. Stellen Sie eine ans Bett oder ins Badezimmer.

Die Ukulele kann Ihnen auch behilflich sein, große Musik zu schätzen. Auch wenn es meine Familie ungeheuer nervt, spiele ich auf meiner Ukulele doch zu gern die großen Barock-Hits: Bach, Vivaldi, Pachelbel. Ich habe eine Art Mogelbuch, das einem zeigt, wie man vereinfachte Versionen von *Frühling, Winter* und *Der harmonische Grobschmied* spielt. Diese Stücke zu lernen hilft einem, sie besser zu verstehen, und es steigert damit auch Ihre Freude, wenn Sie das Echte hören.

Bei Popsongs können Sie mitsingen und so Ihre Singstimme entwickeln. Auch das nervt meine Familie, weil meine Singstimme ziemlich grauenhaft ist. Ich habe versucht, sie zu verbessern, indem ich den Idler-Chor gründete. Wir sind ungefähr zwanzig und treffen uns wöchentlich unter der Leitung des Chormeisters Tom Williams. Ich kann nun halbwegs singen, wenn ich mich an die Person neben mir halte, aber allein habe ich weiterhin Mühe, die richtigen Töne zu treffen. Aber das ist mir egal.

Wenn ich mich mit meinem Philosophenfreund Mark Vernon über die Ukulele unterhalte, spricht er über seine Liebe zur Äolsharfe, die man vielleicht mit größerem Recht als *das* Instrument des Müßiggängers bezeichnen kann, da es sich ja selbst spielt.

Hier philosophiert Mark ein bisschen darüber:

Ich mag die Analogie des Philologen Owen Barfield: Mensch sein ist wie eine Äolsharfe sein. Diese Musikinstrumente bestehen aus einem Holzkasten und einem Klangbrett, über das Saiten quer über einen Steg gespannt sind. Sie sehen ein wenig aus wie eine Geige ohne Hals. Auch werden sie nicht wie die Geige mit dem Bogen gespielt, sondern mit dem Wind. Äolsharfen stellt man in Durchlässe, durch die der Wind wehen könnte, vielleicht in ein Fenster. Äolus ist der Gott des Windes. Wenn der Luftstrom über die Saiten streicht, erklingt von der Harfe her ein Gleiten und Werden, ein Steigen und Fallen. Die Analogie ist, dass wir die Harfe sind und der Wind die Liebe, die erforderlich ist, um

Musik zu machen. In den dabei entstehenden Harmonien müssen wir eine kreative Rolle spielen, doch ohne die Bewegung der vorher existierenden Liebe könnte nur Stille sein.

Lustig sein, sagte Robert Burton in seiner *Anatomie der Melancholie*, einem sehr beglückenden Buch, lindert die Depression. Indem wir also ein Musikinstrument lernen, würden wir auch empfehlen, tanzen zu lernen und einem Chor beizutreten.

Falls Sie die Ukulele wirklich unerträglich finden, versuchen Sie es mit der Mundharmonika, der Nasenflöte, dem Banjo oder dem Akkordeon. Sie alle machen ungeheuer Spaß, lassen sich gut transportieren und ärgern garantiert jeden in Ihrer Umgebung.

UNTÄTIGKEITSPUNKTE

⊙ Besorgen Sie sich eine Ukulele. Geben Sie mindestens fünfzig Pfund aus.
⊙ Versuchen Sie den Ukulele-Kurs der Idler Academy.
⊙ Lernen Sie drei Akkorde: C, G und F. Damit haben Sie die Basis für die meisten Popsongs.
⊙ Besorgen Sie sich eine Äolsharfe.
⊙ Suchen Sie sich einen Tanzlehrer. Auf Festivals haben wir ein brillantes Ensemble namens Mudflappers im Programm. Die bringen alle dazu, unisono Swing-Bewegungen zu Hip-Hop zu machen, das ist die reine Freude.

10

DURCHWANDERN SIE DIE STADT

Für den perfekten Flaneur, für den leidenschaft-
lichen Betrachter ist es eine ungeheure Freude,
sich inmitten der Menge einzurichten,
inmitten von Ebbe und Flut der Bewegung,
des Flüchtigen und des Unendlichen.
Baudelaire

Als ich noch eine Landmaus war, erhielt ich Briefe von Lesern ungefähr folgenden Inhalts: »Für Sie ist das ja gut und schön, müßig auf dem Land zu sein. Ich lebe in der hektischen Stadt. Was soll ich tun?«

Aber selbstverständlich bietet auch die Stadt reich-lich Gelegenheiten für den Müßiggang, man muss sich nur umschauen. Der Literaturkritiker Walter Benjamin hauchte bekanntermaßen dem Verständnis vom *flâneur*, dem umherschweifenden Dichter, aus dem 18. Jahrhun-dert neues Leben ein, indem er Paris durchwanderte. Auf dieser Idee beharren heutige Psychogeografen: Im Her-zen des kommerziellen Trubels liegen Poesie, Romantik und Staunen. In der hektischen Welt liegt Schönheit: in den Arkaden, in den Kleidern der Leute, in den elektri-schen Lichtern.

Und nicht nur die Pariser können für sich in Anspruch nehmen, Müßiggänger in der Stadt zu sein. Unlängst wur-de ich von meinem Korrespondenten Bernard Marszalek aus Berkeley, Kalifornien, auf den bulgarischen Brauch des *aylyak* hingewiesen. Ihm zufolge ist *aylyak* eine Tra-dition, die mit der bulgarischen Stadt Plovdiv assoziiert wird. Das Wort leitet sich von einem türkischen Wort mit der Bedeutung »Müßiggang« ab, seine heutige Bedeutung ist jedoch eher »gemächliche Geselligkeit«. *Aylyak* bedeutet eben in der Stadt abhängen.

Bei einem Rundgang durch Plovdiv bat ein BBC-Reporter den Schauspieler, Regisseur und Pantomimen Plamen Radev Georgiev um eine Definition dieses Konzepts.

»Das war mit der sozialen Stellung verbunden«, hieß es in dem Bericht, »mit einer Art dandyhaftem Durchwandern der Straßen, ohne etwas zu tun zu haben. Und auf einer tieferen Ebene – Georgiev nannte es ›Zen *aylyak*‹ – hatte es mit der Freiheit der Seele zu tun. ›*Aylyak*‹ bedeutet, dass man sich mit den Schwierigkeiten des Lebens befassen und trotzdem sicher vor den Problemen des Lebens sein kann«, sagte Georgiev.

Der BBC-Reporter zitiert auch die folgende charmante Beschreibung eines Abends in Plovdiv von 1906 – damals noch Philippopolis – des Reiseschriftstellers John Foster Fraser:

> Stellen Sie sich die Szene vor. Ein Garten, von vielen Lichtern erhellt. Unter den Bäumen zahllose Tische. An den Tischen saß »ganz Philippopolis« und schlürfte Kaffee, trank Bier, prostete einander mit literweise Wein zu. Am einen Ende des Gartens war eine kleine Bühne. Darauf spielte eine rhapsodische ungarische Kapelle ... Es war Sonntagabend, und Philippopolis amüsierte sich.

Ich weiß nicht, was das britische Äquivalent wäre. Vielleicht könnten wir es die Kunst des Herumsitzens, ohne etwas Besonderes zu tun, nennen – oder einfach *Sitzen*.

Während des Lockdowns entwickelte ich wie Millionen andere eine neue Wertschätzung für die Welt vor meiner Tür. Victoria und ich wanderten die Themse entlang. Ich nahm mir einen Tag frei und lief mit ein paar Freunden gut zwanzig Kilometer die Kanäle Londons ab, vom Westen Londons in den Osten. Wir redeten, drifteten und sahen Reiher und rauchende Schlote. Industrie und Wildblumen lebten Seite an Seite. In Rissen im Asphalt wuchs Holunder.

Die Bezeichnung »Natur« ist unzutreffend: Schließlich sind Felder von Menschenhand gemacht, und Natur und Schönheit lassen sich auch in der Stadt finden. Der Blick von der Westminster Bridge am Morgen, sagte William Wordsworth, ist ebenso beruhigend wie die freie Natur – und er muss es ja wissen, war er doch der Naturdichter:

Nie sank die Sonne schöner ein
in ihre erste Pracht, Tal, Fels, auch Berg;
nie sah ich, fühlt' ich eine Ruhe derart rein!

Wenn Sie also eine ungewöhnlich reine Ruhe sehen und spüren können, indem Sie einfach auf einer Brücke stehen, warum sich dann die Mühe machen, auf der Suche nach innerem Frieden die Stadt zu verlassen?

UNTÄTIGKEITSPUNKTE

⊙ Schlendern Sie umher, lassen Sie sich Zeit.
⊙ Lesen Sie Baudelaire.
⊙ Suchen Sie sich eine Brücke. Beugen Sie sich übers Geländer.

11

LEGEN SIE EINEN KRÄUTERGARTEN AN

Il faut cultiver votre jardin.
Voltaire

Pflanzen kultivieren ist befriedigend, ist therapeutisch und eröffnet Ihnen Mußezeit in Ihrem Leben.

Einen ganzen Schrebergarten würde ich Ihnen freilich nur sehr zögernd empfehlen. Er bedeutet enorme Arbeit. Viele Jahre lang habe ich, als ich noch in einem abbruchreifen Bauernhaus in Devon wohnte, ein Gemüsebeet bestellt (oder jedenfalls versucht), das ungefähr halb so groß wie ein Schrebergarten war. Damals hatte ich viel Zeit in meinem Leben, da ich vier Stunden täglich am Schreibtisch saß und den Rest des Tages frei hatte. Ich schaffte es, einiges gutes Essen zu ziehen, und verbrachte viele vergnügliche Stunden mit Graben und Pflanzen. Ja, es machte Spaß, Karotten und Kartoffeln auszubuddeln und mich um den Kohl zu kümmern. Doch was ich sparte, indem ich sie nicht kaufte, war unerheblich. Ich fand es schwierig, dem Beet die nötige Zeit zu widmen, und so wucherte es zu. Schließlich gab ich es auf. Jetzt leben wir in London, und im Umkreis von fünf Minuten haben wir fünf syrische und libanesische Supermärkte. Und Gemüse lassen wir uns kistenweise von Biofarm liefern.

Daher baue ich mein Gemüse nicht mehr selbst an. Es macht Spaß, es zu kaufen. Versuchen Sie nur, lokale Erzeugnisse zu kaufen, und freunden Sie sich mit den Ladenbesitzern an. Dann kann das Einkaufen selbst zu einem müßigen Vergnügen werden, gesellig, lustig statt einsame Last.

Immerhin haben Victoria und ich ein paar Töpfe mit Kräutern.

Die löbliche Permakulturbewegung rät, das anzubauen, was man regelmäßig braucht, außerdem sollten sich die Töpfe oder Beete in der Nähe der Küchentür befinden. Ein Schrebergarten ist zu weit weg vom Haus. Also haben wir im Vorgarten jetzt Rosmarin, Minze, Petersilie und Oregano. Die sind alle sehr leicht zu ziehen, am besten in Töpfen statt in Beeten, einfach weil sie im Beet oft zu gut wachsen und alles überwuchern. In einem Topf kann man das Kraut einhegen. Wir haben es auch mit Basilikum versucht, hatten aber kein Glück damit, weswegen wir es lieber kaufen.

Kräuter sind dauerhaft nützlich. Und unlängst haben wir herausgefunden, dass man kein Geld für teure fertige Kräutertees ausgeben muss, wenn man immer einen Vorrat dahat. Man wirft nur ein bisschen Rosmarin und Oregano in sehr heißes Wasser und lässt es fünf Minuten ziehen. Genauso Minze.

Ein paar Pflanzen zu ziehen, sie zu pflegen, zuzusehen, wie sie Knospen bilden, dann Früchte tragen und wieder sterben, ist eins der größten Wunder auf der Welt. Und indem Sie Ihren eigenen Kräutergarten anlegen, holen Sie sich ein weiteres mönchisches Vergnügen ins Leben.

UNTÄTIGKEITSPUNKTE

⊙ Kaufen Sie vier Töpfe, vier Pflanzen und einen Sack Kompost.
⊙ Rosmarin, Petersilie, Minze, Oregano und Kapuzinerkresse sind sehr leicht zu ziehen.
⊙ Basilikum ist knifflig. Lassen Sie's lieber.
⊙ Stellen Sie Ihre Kräutertöpfe in die Nähe der Küche.

12

GEHEN SIE IN DIE WÄLDER (ODER PARKS)

Das war mein Gebet: ein Stück Land,
nicht sehr groß,
mit einem Garten und einer beständigen
Quelle beim Haus
und darüber ein kleiner Wald.
Ovid

Wir beim *Idler* sind nicht die Ersten, die die heilsamen Freuden eines Aufenthalts in der Natur empfehlen, und auch nicht die Letzten. Die taoistischen Philosophen im alten China ergingen sich endlos über den therapeutischen Nutzen von Flüssen, Bergen und Wäldern. Wordsworth und Coleridge ersannen ihre poetische Revolution auf Wanderungen durch die Quantocks im Westen Englands. Horaz liebte die freie Natur.

Um in einen Wald zu gelangen, müssen Sie nicht weit gehen. Sie brauchen auch keinen zu besitzen. Gehen Sie einfach in die Gemeindewälder, zu den Bäumen im Park, in die Naturschutzgebiete. Die städtischen Parks werden stetig besser. Berlin ist voller halbwilder Gemüsegärten mit Hipstercafés, die Londoner Parks werden Jahr für Jahr schöner, wobei jetzt langes Gras und Wiesenbereiche in Mode sind. Im Hyde Park stehen viele Bäume, und nur ein Stück weiter in Richmond finden Sie die Wonnen eines ummauerten Parks, angelegt für Heinrich VIII., jetzt aber offen für jedermann und voller reizender alter, knorriger Bäume.

Petrarca, der im frühen 14. Jahrhundert schrieb, hatte eine klare Meinung dazu, wer das bessere Leben führt, der Müßiggänger oder der Bankier. In der folgenden charmanten Passage aus einem Buch namens *Das einsame Leben* vergleicht er das Leben eines Bankiers in der mittelalterlichen Stadt mit dem eines im Wald lebenden Einsiedlers, einer Landmaus:

Der geschäftige Mann, ein unglückseliger Stadtbewohner, erwacht mitten in der Nacht, sein Schlaf gestört von seinen Sorgen oder den Rufen seiner Kunden, oftmals gar von Furcht vor dem Licht und vor Schrecken durch nächtliche Visionen. Kaum ist er aufgestanden, lässt er sich auf dem elenden Stuhl nieder und verwendet seinen Geist auf Falschheit. Sein Herz ist ganz auf Tücke ausgerichtet – ob er nun einen korrupten Handel erwägt, seinen Freund oder Schutzbefohlenen betrügt, das Eheweib des Nachbarn mit seinen Verführungen überfällt, deren einzige Zuflucht ihre Keuschheit ist, den Schleier des Rechts über einen prozesssüchtigen Streit legt oder was er sonst für einen Unfug öffentlichen oder privaten Wesens im Schilde führt. Mal voller Leidenschaft und brennend vor Verlangen, dann wieder starr vor Verzweiflung wie ein sehr schlechter Arbeitsmann, beginnt er noch vor Tagesanbruch mit dem Netz der täglichen Plage, in welcher er andere mit sich verwickeln wird.

Der zurückgezogene Mann – der Mann der Muße – erwacht frohgemut, erfrischt von maßvoller Ruhe und kurzem Schlaf, ungebrochen, es sei denn, er wird wiederholt vom nächtlichen Gesang der Philomele geweckt. Hat er sich leichthin von seinem Lager erhoben, Gedanken an seinen Leib abgewehrt und in den stillen Stunden psalmodiert, ruft er den Herrn an, sein Herz zu stärken. Keine Freuden des geschäftigen Mannes, kein Luxus des Stadtlebens, kein Pomp von Königreichen kommen seinem Zustand gleich. Hat er von seinem Ort an den besternten Himmel geblickt [...], wendet er sich sogleich dem Studium einer ehrlichen und angenehmen Lektion zu, und derart mit dem herrlichsten Stoff genährt, erwartet er mit großer Gelassenheit des Geistes das Nahen des Lichts.

Das ersehnte Licht ist nun auf ihre unterschiedlichen Gebete hin erschienen, und die Schwelle des geschäftigen Mannes wird von Feinden und Freunden belagert. Er wird begrüßt, angefleht, in eine Richtung gezerrt, in eine andere geschubst, mit Einwänden überhäuft und entzweigerissen. Der zurückgezogene Mann hat eine freie Tür und die Wahl zu bleiben, wo er ist, oder zu gehen, wohin sein Geist ihn auch verfügt.

Der geschäftige Mann, beladen mit Beschwerden und Affären, geht aufgewühlten Geists zu den Gerichten, und der Beginn seines grausamen Tages ist von Prozessen gezeichnet. Der zurückgezogene Mann geht mit einer Fülle von Muße und Ruhe heiter in einen nahen Wald und tritt freudig über die verheißungsvolle Schwelle eines heiteren Tags.

Man muss jedoch keine reine Landmaus sein. Der Bankier kann Erholung von seinen Sorgen in nahen Wäldern finden. Während des Lockdowns haben Victoria und ich entdeckt, dass wir von West-London nur eine Dreiviertelstunde fahren müssen, um in den herrlichsten Wald zu gelangen. Im Winter gingen wir auf gefrorenem Matsch zwischen kahlen Bäumen. Im Frühjahr suchten wir nach Bärlauch oder *allium ursinum*, der absolut köstlich ist und sehr leicht zu erkennen ist. Wir wanderten über Schaffelder und auf uralten Pfaden.

Wollen Sie wirklich eine epikureische Villa? Ich würde wegen der immensen Kosten und der entsprechenden

Arbeit vom Erwerb eines zweiten Hauses abraten. Es ist schön, davon zu träumen, wie Horaz es tat, ich finde aber, mit nur einem fährt man besser. Dann ist man frei, an Wochenenden und in den Ferien das zu tun, was man will. Kommen Sie bei anderen unter. Ich schreibe dies in der Toskana im Haus eines Freundes. Hätte ich irgendwo in einem Wald eine Hütte oder ein Häuschen, wäre ich wohl dort geblieben.

Von der Stadt aus können Sie radeln, mit dem Zug fahren oder über die Autobahn. Es dauert nicht lange, bis man im Wald ist.

UNTÄTIGKEITSPUNKTE

⊙ Suchen Sie sich einen Wald in Ihrer Nähe.
⊙ Begehren Sie kein zweites Haus.

13
WEG MIT DEM SMARTPHONE

Der Mensch wird seine Unterdrückung lieben,
die Technik bewundern, die seine
Denkfähigkeit zerstört.
Aldous Huxley

Falls Sie Ihrem Leben gern etwas mehr Mußezeit gewähren, wieder denken lernen und dabei ein Vermögen sparen wollen, dann schaffen Sie doch Ihr Smartphone ab und ersetzen es durch ein Dumbphone oder wenigstens eines von durchschnittlicher Intelligenz.

Brauchen Sie wirklich ein Smartphone? Ich habe meins schon vor Jahren ausrangiert. Das war in vieler Hinsicht segensreich. Jede Menge Mußezeit hat sich mir eröffnet. Im Zug starre ich aus dem Fenster und meditiere. Hat der Bus Verspätung, nutze ich die Gelegenheit und tue nichts. Auf mich ist keine Werbung abgestimmt. Da ich nicht bei Facebook oder Twitter bin, kann ich wie eine Art digitaler Asket herumlaufen, mich überlegen fühlen, Blumen betrachten und nicht alles, was ich sehe, fotografieren und auf Instagram stellen. Bei Spaziergängen bin ich ungestört. Falls die Epikureer recht hatten, dass das Ziel des Lebens Ungestörtheit ist, dann wäre die Abschaffung des Smartphones die naheliegende Strategie.

Mein Problem ist, dass es nicht mehr Leute wie ich machen. Offenbar bin ich buchstäblich der einzige Mensch auf der Welt ohne ein Smartphone. Sogar der buddhistische Mönch und Bestsellerautor Haemin Sunim klebte an seinem Smartphone, als er neulich bei einem *Idler*-Diner einen Vortrag hielt.

Daher komme ich mir ausgeschlossen und einsam vor. Man schickt mir Fotos und Links, die ich nicht sehen kann. WhatsApp-Chats sind mir verwehrt. Ich kann Freunden keine lustigen Bilder auf meinem Telefon zeigen. Ich kann keine Selfies oder Schnappschüsse machen.

Einsam, ausgeschlossen von der Cloud, laufe ich herum.

Aber das stört mich gar nicht. Die Vorteile der Freiheit überwiegen die Nachteile, etwa die Urlaubsfotos eines Freundes auf Instagram nicht zu betrachten (bei weitem).

Ich hatte einen Freund, D, der ebenfalls kein Smartphone hatte. Neulich bin ich ihm über den Weg gelaufen, und da zog er ein iPhone hervor. »Du Judas!«, rief ich ihm zu. »Sorry«, sagte er achselzuckend.

Ich weiß nicht recht, ob ich bewusst abartig bin oder eine vernünftige Entscheidung getroffen habe, die gut für meine geistige Gesundheit ist. Und wie gesagt, wenn es so eine gute Idee ist, warum machen es dann nicht mehr Leute? Es spart Geld und macht glücklich. Das versteht sich doch von selbst.

Mein Freund James Parker, auch er ein Smartphone-Verweigerer, schrieb unlängst einen großartigen Artikel für die *Atlantic*, in dem er über seine Liebe zu seinem Klapphandy sinnierte. Er formuliert es so gut:

Du bist nicht mit dem Internet verbunden. Für mich bist du daher ein kleiner schwarzer Ziegel Privatsphäre. Und mit *Privatsphäre* meine ich keine Cookies oder meine Sozialversicherungsnummer oder dergleichen, sondern vielmehr die fragile Sphäre der Einbildungskraft, in der ich existiere, wenn ich nicht online daddle. Ich meine das, was von meinem nicht digitalen Ich noch übrig ist. Wenn ich deine beiden Hälften zuklappe, du wunderbare Techno-Molluske, dann war's das auch. Dann kann Sauron mich nicht sehen.

Zweitens bist du ein wahrer Talisman geworden, in sozialer Hinsicht. Du stehst für etwas. Abartigkeit? Gewollte Veralterung? Klar, warum nicht. Es ist, als liefe man mit einem schlecht angepassten Freund herum: Es macht mir Spaß, die Reaktionen auf dich zu sehen. Wenn ich dich hervorziehe, dich zücke, durch die Gegend schwinge, erhalte ich Ausrufe von Mitleid und Verwirrung.

Seltsam, vielleicht aber auch nicht, James und ich waren während des Studiums in einer Band, einer Punkband, und erst neulich traf ich mich mit einem anderen aus der Band, den ich zwanzig Jahre nicht gesehen hatte, und wie schön!, auch er hatte ein Dumbphone.

Punkrock bis zum Tod.

Immerhin besitze ich, das gestehe ich, ein iPad mini, ich bin also nicht völlig von der sogenannten Wirklichkeit abgetrennt. Mein Telefon ist ein Punkt, das ich auch als Hotspot verwenden kann. Falls wirklich nötig, kann ich mit meinem iPad und dem Telefon Mails schreiben.

Ein weiterer Tipp: Stellen Sie den Bildschirm Ihres Telefons auf Schwarzweiß, was wohl geht, wenn man eine der Tasten dreimal drückt. Der Schwarzweißbildschirm ist weniger aggressiv und anstrengend als der farbige. Ich stelle mir vor, dass die Farben der Tasten Ihres Telefons von bedeutenden Psychologen auf dem Feld der Farbentheorie designt wurden, Verhaltensforschern, die wissen, wie man tickt. Ein Schwarzweißbildschirm wird ihre teuflischen Pläne jedenfalls durchkreuzen.

UNTÄTIGKEITSPUNKTE

⊙ Geben Sie Ihr Smartphone einem Teenager.
⊙ Suchen Sie Dumbphone-Artikel auf der *Idler*-Seite.
⊙ Kaufen Sie ein Dumbphone. Ganze Müßigkeitssphären werden sich vor Ihnen auftun.

14
SEIEN SIE NAH AM WASSER

Das höchste Gut ist wie Wasser, was alles nährt,
ohne es zu versuchen. Es begnügt sich mit
den niederen Orten, welche die Menschen
verschmähen. Daher ist es wie das Tao.
Laotse

W enn wir in der *Idler*-Redaktion herumblödeln, suchen wir gern Beispiele für alberne Neologismen
oder für das, was wir »vormals bekannt als« nennen. Ein
gutes Beispiel für dieses Phänomen ist »wildes Schwimmen«, vormals bekannt als »Schwimmen«. Während der
letzten rund zehn Jahre wurde dem simplen Vorgang des
Schwimmens das Wort »wild« angefügt, um es wie etwas Neues klingen zu lassen, wo doch das Schwimmen
in Seen und Flüssen so alt wie die Seen und Flüsse selbst
ist.

Während des Lockdowns hat das Schwimmen im Meer
und in Flüssen eine Renaissance erlebt. Das ist gut für
mich. Ich habe Schwimmbäder nie gemocht, sie stin-
ken nach Chlor, es herrscht eine Konkurrenzatmosphä-
re, Eitelkeit, eine merkwürdige Brüllakustik, und es gibt
Warzen. Ganz entsetzlich.

Viel besser, in der Nähe eines Flusses oder am Meer
zu sein. Da wir in London wohnen, haben wir den Lockdown genutzt, um die Themse zu erkunden, an ihr ent-
langzulaufen, zu radeln, sie zu betrachten, darauf Kajak
zu fahren und darin zu schwimmen. Eines Abends be-
stiegen wir ein kleines Motorboot, das unsere Freunde Mr
und Mrs Steerstrait besitzen. Mr Steerstrait arbeitet bei

einer Schiffsversicherung und interessiert sich für Boote. Wir aßen gutes Brot und Käse und tranken schicke Biere, während wir von Chiswick nach Richmond dahintuckerten. Es war die reine Wonne.

Ein andermal entdeckten Victoria und ich eine abgeschiedene Stelle an der Themse bei Oxford, nicht weit von da, wo Lewis Carroll mit Dean Liddells Töchtern Alice, Edina und Lorina ruderte. Dort schwammen wir an Wochenenden.

Warum zieht Wasser uns an? Wie gesagt, ich glaube, weil es uns eine Welt frei von streberhaften und zielgerichteten Aktivitäten bietet. Wie Tagebuchschreiben bietet es uns eine kleine Ruhepause von weltlichen Sorgen und dem industriellen Komplex. Auch ist es langsam.

Auf der ganzen Welt sind die Menschen offenbar gern am Strand, auf einem Fluss oder fahren sogar auf einem verdreckten Kanal. Ich beneide ziemlich die Leute, die in Brighton wohnen, bei denen ist das Meer immer da.

Wenn wir frei haben, dann campen Victoria und ich wie Tausende andere gern an einem Strand. Wir lieben die Küste von Pembrokeshire in Wales und haben glückliche Tage in einem Wohnwagen auf einem Campingplatz verlebt. Reiche, geschäftige Leute trachten immer danach, sich von den vulgären Horden fernzuhalten, wir Gewöhnlichen dagegen stapeln uns gern am Strand und sind gemeinsam am Wasser, plantschen, stehen still und leben den Augenblick. Es ist erstaunlich, wie viele an einem Strand stehen oder sitzen und einfach aufs Meer schauen und nichts tun – nicht reden, nicht lesen. Am Meer oder am Fluss wird man zum Nichtstun ermutigt. Daher der Reiz.

Am Strand kann es wie auf einem Minifestival sein. Alle sind zusammengekommen, um ein gemeinsames Interesse zu feiern. Hier gelten die normalen Regeln nicht.

UNTÄTIGKEITSPUNKTE

⊙ Finden Sie einen Fluss oder Strand.
⊙ Baden Sie. Schauen Sie. Stehen Sie still.

15
SETZEN SIE SICH AUF
EINE ÖFFENTLICHE BANK

*Setzen Sie sich auf dem Heimweg vom Einkaufen
auf eine Bank, schließen Sie fünf Minuten lang
die Augen und lauschen Sie den Geräuschen,
die gerade in der Luft sind, seien es Autos, Vögel,
Flugzeuge oder Sirenen. Schweigen Sie.
Das war dann Ihre Meditation.*
Arthur Smith

Die meisten Städte sind mit kostenlosen Mußehilfen
übersät, und meines Erachtens erhalten sie zu wenig Presse.

Es sind die öffentlichen Bänke. Wer sie wohl erfunden
hat? Wahrscheinlich sind sie eine uralte Idee, und zwar
eine extrem gute.

Die Bank ist immer für Sie da. Weiter oben habe ich
über Formen der Meditation gesprochen und Bank-Yoga als eine Erfindung des Comedians und epikureischen
Philosophen Arthur Smith erwähnt. In seinen unlängst
erschienenen Erinnerungen gibt er den oben zitierten
Toptipp fürs Glück.

Arthur Smith hat mir auch erzählt, dass er die Inschrif-
ten mag, die man auf Bänken sieht, die *In memoriam*:
»Hier hat Sid immer gern gesessen.« Es wäre nett, eine
Bank zu haben, auf der der eigene Name nach dem Tod
geschrieben steht. »Auf dieser Bank hat Tom immer gern
gefaulenzt.«

Einmal habe ich mich ziemlich stark für ein »Bank-
Kunst«-Projekt engagiert. Meine Idee war, dass die Stadt-

verwaltung Künstler beauftragt, eine Bank zu kreieren. Sodass man auf Kunst sitzen könnte. Ich habe mit ein paar Leuten von der Islingtoner Verwaltung gesprochen, aber die haben mir die Lust genommen, indem sie sagten, Bänke seien komplizierter, als sie aussähen. Sie müssten bestimmte Gesundheits- und Sicherheitsstandards erfüllen. Irgendwann gab ich dann auf.

Immerhin reichte ich meinen »Bank-Kunst«-Vorschlag bei dem Wettbewerb »Bristol City of Ideas« ein, was ich sehr aufregend fand. Ich war mir sicher, dass meine Idee allen anderen eingereichten weit überlegen und die Stadträte von Bristol progressiver und kunstfreundlicher als die von Islington sind. Selbstredend bekam ich nie eine Antwort.

Während der Lockdowns waren die Bänke Retter. Sie wurden als Treffpunkte benutzt, als Lunchorte, Pubs, Büchereien, Zonen für Meditation und Nickerchen. Und viele von uns nutzen diese wunderbare öffentliche Ressource auch weiter. Doch, die Behörden sind wirklich nicht schlecht.

UNTÄTIGKEITSPUNKT

⊙ Suchen Sie sich eine Bank, vorzugsweise aus Holz, und setzen Sie sich darauf. Tun Sie nichts.

16

ERSTREBEN SIE EINEN
VERÄNDERTEN ZUSTAND

Um elf nahm ich meine [Meskalin-]Pille ...
Ich verbrachte mehrere Minuten – oder
mehrere Jahrhunderte? – damit, nicht lediglich
auf die Bambusbeine zu starren, sondern sie
richtiggehend zu sein – vielmehr, ich selbst
in ihnen zu sein, oder, um noch genauer zu sein
(denn »ich« war gar nicht daran beteiligt, in
gewissem Sinn auch »sie« nicht), mein Nicht-Ich
in dem Nicht-Ich zu sein, das der Stuhl war.
Aldous Huxley

Ich habe einiges an Drogen genommen. Als Teenager begann ich mit Tabak und Bier und ging dann schon bald zu Hasch über. An der Universität wurde ich, angeregt von einem komischen Ableger des amerikanischen Punk namens Straight Edge, kurz nüchtern. Anfang zwanzig entdeckte ich Ecstasy und Raves, Ende zwanzig dann Cocktails, Kokain und Clubs nur für Mitglieder. Als ich dann Kinder hatte, nahm ich gelegentlich durchaus noch Ecstasy, aber das Ergebnis war jeweils ziemlich katastrophal.

Dennoch bin ich in den Fünfzigern für Drogen sehr offen, allerdings im Geist des Selbstversuchs und nicht, wie Aldous Huxley und seine Pforten der Wahrnehmung, des Hedonismus. Es gibt zahlreiche Männer und Frauen mittleren Alters, die wieder von Zauberpilzen reden. Psychedelika werden seriös.

Bis vor kurzem waren Psychedelika noch illegal. Der Journalist Michael Pollan fragt in seinem Buch *Kaffee*,

Mohn, Kaktus, warum die psychoaktive Droge Koffein auf der ganzen Welt akzeptiert und gefördert ist, Opium und Psychedelika dagegen verpönt sind. Die Antwort lautet, weil die von Letzteren bewirkten veränderten Zustände einen dazu bringen könnten, das Arbeitsethos und den Kapitalismus allgemein in Zweifel zu ziehen und zu fragen: Wozu das alles? Wohingegen das Koffein, das im 17. und 18. Jahrhundert London zum Finanzzentrum anwachsen ließ, ein Handlanger harter Arbeit ist und einem hilft, für den Dienstherrn noch effizienter zu ackern.

Führend in der Forschung zum therapeutischen Wert von Psychedelika ist Dr. Robin Carhart-Harris, der seine Studien am Londoner Imperial College begann und heute in Kalifornien arbeitet. Ihn habe ich auf dem Idler Festival im Juli 2018 interviewt.

TOM HODGKINSON: Wie sind Sie auf dieses Forschungs-
    gebiet gestoßen, Robin?
ROBIN CARHART-HARRIS: In akademischer Hinsicht
    hat mich die Psychologie dazu gebracht, der Gedan-
    ke, dass der Geist tiefer ist als gemeinhin angenommen.
    Es gibt eine Gruppe Drogen, die Psychedelika, die den
    Geist entfalten und seine Inhalte offenbaren können.
    Man nennt sie »bewusstseinsverändernd« – genau das
    bedeutet ja psychedelisch. Sie haben mir eine faszinie-
    rende Welt eröffnet, und das ist so geblieben.
TH: Als ich heranwuchs, war dieses Zeug nicht zu bekom-
    men, aber es war legendär, weil ich Aldous Huxleys *Die
    Pforten der Wahrnehmung* las. In den sechziger Jahren
    nahmen wir dann LSD.
RCH: »Turn on, tune in, drop out!«, wie Timothy Leary
    sagte. Im Establishment herrschte die Ansicht, dass
    Psychedelika gegenkulturelles Denken förderte, anar-
    chisches Denken, und das machte Angst.

TH: Mich hat es fasziniert. Ich las über Ken Kesey, die Merry Pranksters, die Bücher von Tom Wolfe, und dann geschah etwas, und es verschwand einfach. In den fünfziger Jahren schien die psychedelische Forschung, Michael Pollans hervorragendem neuen Buch *Verändere dein Bewusstsein* zufolge, ganz seriös. Was ist passiert?

RCH: Vollkommen richtig. Damals war das was völlig Normales: Cary Grant machte eine umfassende Psychotherapie mit LSD, Robert Kennedys Frau machte eine LSD-Psychotherapie, und er sprach sich auch gegen die Gesetzgebung aus, die Ende der sechziger Jahre kam. Später sickerte durch, dass LSD als Bedrohung angesehen wurde, als gesellschaftliche und psychologische Bedrohung. Im Establishment glaubte man, Psychedelika beförderten ein Denken der Gegenkultur, des Anarchischen, und das machte Angst. Es gab etliche Leute in der Regierung Nixon, die gestanden, dass sie genau deshalb Gesetze dagegen machten. Sie hatten Angst vor LSD und auch vor Timothy Leary, der den Leuten sagte, sie sollten experimentieren.

TH: Glauben Sie, dass Timothy Leary eine Teilschuld daran trägt, dass die Weiterführung der psychedelischen Forschung gebremst wurde, weil er ein bisschen etwas Chauvinistisches hatte, fast wie ein falscher Guru?

RCH: In gewisser Weise spiegelt das, was mit Leary passiert ist, das, was im größeren Rahmen passiert ist. Anfangs war er noch Mainstream: Er war Psychologieprofessor in Harvard, er führte glaubwürdige Forschungen durch und prägte sogar zwei der wichtigsten Begriffe in der psychedelischen Forschung und der psychedelischen Therapie, »set« und »setting«. Dann geriet er auf Abwege, vielleicht, weil er zu viel von dem Zeug nahm, und wurde der selbsternannte Hohepriester des

LSD. Er wurde in seinen Botschaften zunehmend verantwortungslos, und auch die Substanz seiner Predigten war ziemlich wacklig. So fiel er beim Mainstream in Ungnade, der ja wollte, dass er sich an die Integrität der Wissenschaft hielt.

TH: Und damit war die ganze Sache 1971 ziemlich am Ende, ja?

RCH: 1971 wurde von den Vereinten Nationen das Gesetz gegen Drogenmissbrauch verabschiedet, das wir in Großbritannien übernahmen. Wir schlossen uns in der Drogenfrage den USA an, obwohl Beweise vorlagen, dass Psychedelika unterm Strich – und mein Chef am Imperial, David Nutt, hat diese Ansicht unterstützt – nicht in die Kategorie der gefährlicheren Drogen gehören. Sie fallen unter die Drogen der Klasse A und haben diesen Kriterien zufolge keinen erkennbaren medizinischen Wert. Wissenschaftlich ist das schlicht nicht haltbar.

TH: Bei Ihren Studien haben Sie einen Versuch mit zwanzig Personen gemacht, bei denen konventionelle Behandlungen gegen Depression nicht halfen. Können Sie beschreiben, was diese durchgemacht haben könnten, bevor Sie an Ihrem Versuch teilnahmen?

RCH: Sie hatten alle erdenklichen Antidepressiva genommen. Manche bis zu elf verschiedene. Praktisch alle hatten es mit Psychotherapie versucht, oft mit verschiedenen Formen. Manche sogar mit einer Elektrokonvulsionstherapie. Sie hatten wirklich alles gegen ihre Depression probiert, und nichts hatte geholfen, also dachten wir, versuchen wir's mal mit Zauberpilzen. Wir hatten in London schon etwas Neuroimaging gemacht, das die Idee unterstützte, Zauberpilze könnten eine antidepressive Wirkung haben, also haben wir's getestet. Es fand in einer klinischen Forschungs-

einrichtung statt, die wir aber massiv verändert haben –
mit Vorhängen und schwacher Beleuchtung.

TH: Sie haben also so etwas wie einen Chill-out-Raum bei
einem Rave draus gemacht?

RCH: Ja, so etwas in der Art. Auch die Musik war entspre-
chend.

TH: Sven Väth und Aphex Twin?

RCH: Ja, und Brian Eno. Die Leute haben mit geschlos-
senen Augen dagelegen.

TH: Die Zauberpilze, die Sie verwenden, heißen »liberty
cap«, ein im Vereinigten Königreich heimisches Hal-
luzinogen. Die Dosierung war etwas höher, als ich er-
wartete – bekamen sie typischerweise rund vierzig
Zauberpilze?

RCH: Anscheinend wachsen die im Hampstead Heath!
Normalerweise braucht man ungefähr zehn Pilze, um
etwas zu spüren. Wir geben ihnen etwas über fünfzig.
Das ist so beabsichtigt: Wir versuchen, ein transforma-
tives Erlebnis zu bewirken. Wenn jemand sein ganzes
Erwachsenenleben lang tief depressiv war, will man
eine Transformation. Die Menschen beschreiben ihr
Erleben mit Begriffen wie »mystisch«, »spirituell« – sie
beschreiben ihr normales Gefühl der Selbstauflösung.

TH: Wie lange dauert so ein Trip mit fünfzig Zauberpilzen?

RCH: Vier bis fünf Stunden, nach ungefähr anderthalb
Stunden gibt's einen starken Höhepunkt.

TH: Und das Ergebnis der Studie?

RCH: Also, es hat offenbar funktioniert! Bei allen sank
das Depressionspotenzial. Aber das kann bei jeder
Behandlungsform passieren, auch bei Placebos. Man
kann sich die Stärke des Rückgangs ansehen und wie
lange er anhält. Nach drei Monaten, sechs, zwölf sehen
wir noch immer signifikante Rückgänge. Dabei gibt es

aber immer wieder Rückschläge, und manchmal nehmen sie nach rund einem halben Jahr wieder andere
Medikamente und Behandlungen. Dennoch beschreiben sie dieses Linderungsfenster und das Wissen, dass
es möglich ist, als ungeheuer wertvoll.

Wir wollen also die Psychedelika studieren. Schon eine
maßvolle Dosis Zauberpilze kann dazu beitragen, dass
man die Welt ein wenig anders sieht, ein wenig Abstand
von der alltäglichen Wirklichkeit bekommt und Ängste
löst. Im Wesentlichen reduzieren sie das Ego (wobei mein
Ego durch das Zusammenleben mit Victoria, das kann ich
Ihnen sagen, kaum noch weiter aufgelöst werden muss,
haha).

UNTÄTIGKEITSPUNKTE

- ⊙ Nehmen Sie auf *keinen* Fall bewusstseinsverändernde
  oder illegale Substanzen!
- ⊙ Lesen Sie Bücher von Michael Pollan. Er hat die besten
  über zeitgenössische Drogen geschrieben.
- ⊙ Belegen Sie Robin Carhart-Harris' Kurs in der Idler
  Academy.

17

MACHEN SIE EINE TEEPAUSE
(UND EINE MITTAGS- UND
EINE KAFFEEPAUSE)

Nur wenige Stunden in meinem Leben sind
angenehmer als diejenige, die der Nachmittagstee
genannten Zeremonie gewidmet ist.
Henry James

Sie wissen, dass das Geheimnis, mehr Muße in Ihr Leben zu bringen, darin besteht, es zu planen? Diese Idee entstand im 2. Kapitel bei einer Diskussion über Michael Palins Gewohnheit, ein Tagebuch zu führen. Irgendwie ist es hilfreich, wenn eine externe Autorität einen zum Müßiggang auffordert, selbst wenn diese Autorität man selbst ist.

Während des Lockdowns erfreuten sich viele daran, weil ihre Regierung sie dazu aufforderte. Es war das einzige Mal seit Menschengedenken, dass Regierungen, die im Allgemeinen glühende Verfechter des Arbeitsethos sind, uns aufforderten, im Bett zu bleiben und Arbeit zu meiden – wirklich außerordentlich.

Auf viele hat die Aufforderung zum Müßiggang die Wirkung, dass die Schuldgefühle, die damit verbunden sind, vollständig ausgeschaltet wurden. Müßiggang ist kein Luxus, sondern meine patriotische Pflicht!

Und so wollen wir uns denn helfen, indem wir uns auffordern, häufiger müßig zu sein. Dank der unermüdlichen Arbeit der Gewerkschaften hatte der Arbeitstag immer eingebaute kleine Intervalle. Teepause, Mittagspause, Kaffeepause. Diese sind mittlerweile weitgehend wieder verschwunden, unsere langweiligen utilitaristischen Politiker haben sie uns entrissen. Aber wie Lin Yutang, der große chinesische Schriftsteller, sagte: »Im Wesen des Tees liegt etwas, was uns in eine Welt stiller Kontemplation des Lebens entführt.« Tee erzeugt Muße.

Also müssen Sie es tun. Warten Sie nicht darauf, dass jemand anderes es Ihnen gibt. Lassen Sie sich Zeit. Holen Sie sich Ihre Zeit zurück. Geben Sie sich täglich zwei Stunden Mußezeit, also mindestens eine Stunde über Mittag und eine halbe für den Tee sowie eine weitere halbe fürs zweite Frühstück. Diese herrlichen Lücken im Tag werden Ihren Geist nähren und eine Pause vom trostlosen utilitaristischen Leben schenken.

Wenn Sie Ihren Tee um 16 Uhr oder Ihr zweites Frühstück einnehmen, dann bleiben Sie nicht am Schreibtisch. Raffen Sie sich auf und gehen Sie nach draußen. Nehmen Sie einen Stuhl und stellen Sie ihn woanders hin. Tun Sie nichts, sitzen Sie einfach nur da.

UNTÄTIGKEITSPUNKTE

⊙ Machen Sie sich um 16 Uhr eine Kanne Tee und genießen Sie sie wie eine chinesische Teezeremonie.
⊙ Essen Sie dazu Kuchen.
⊙ Probieren Sie verschiedene Orte für Ihren Tee und andere Pausen.
⊙ Tragen Sie Ihre Pausen in Ihren Kalender ein.

18

LEGEN SIE SICH HIN

Die Natur hat keine Eile,
und dennoch wird alles erreicht.
Laotse

Von den vielen großartigen Liedern des verstorbenen Neil Innes ist mir »Lie Down and Be Counted« das liebste.

Nur zur Erinnerung, der Refrain dieser erregenden Müßiggänger-Hymne ermuntert uns, uns den vielen schrecklichen Dingen, mit denen das Leben uns bewirft, nicht mehr zu stellen, sondern uns als ein Akt des Widerstands hinzulegen. Es ist eine gandhieske Botschaft.

Wahrlich edle, visionäre Gefühle. Neulich wurde ich an das Lied durch eine Meldung in den Nachrichten über eine neue Welle in der rebellischen chinesischen Jugend erinnert, die offenbar Innes' Anordnung befolgt.

Die neue Bewegung nennt sich Hinlegen oder Tang Ping, und ihre Anhänger plädieren dafür, sich einfach hinzulegen, statt sich hetzen zu lassen, was, wie Terry Hall von den Specials zu Recht betonte, nur reine Zeitverschwendung ist.

Tang Ping ist vom Beispiel des kynischen Philosophen Diogenes inspiriert, der, wie wir ja schon gehört haben, seine ganze Habe wegwarf und wie ein Hund in einem liegenden Weinfass in Athen lebte.

Nun haben sich nihilistische Millennials angesehen, was die Behörden ausgebrütet haben, und sind wie Jarvis Cocker zu dem Schluss gekommen, dass es einen nicht gerade vom Hocker reißt.

Tang Ping geht offenbar auf einen Blogpost des jungen Luo Huazhong zurück, eines ehemaligen Fabrikarbeiters, der seine Stelle aufgab, seine Ausgaben reduzierte und sich mit Gelegenheitsarbeiten über Wasser hielt.

»Ich chille«, schrieb Herr Luo, 31. »Ich finde, das ist nichts Schlimmes.«

Chinas neues Arbeitsethos hatte den Effekt, sein Volk vollkommen auszulaugen und zu deprimieren. Es erhielt den Spitznamen 9–9–6. Das bedeutet, von neun bis neun zu arbeiten, sechs Tage die Woche. Sollten meine Berechnungen stimmen, macht das 72 Stunden. IRRSINN. Selbst die notorisch harten Armenhäuser Englands im 19. Jahrhundert verlangten nur 50 Wochenstunden, und die Insassen wurden angehalten, nachts zehn Stunden zu schlafen.

Tang Ping scharte in den sozialen Medien 200 000 Follower um sich, doch dann zensierten die Behörden alle Posts mit einem Bezug zu Tang Ping, und die Zeitungen nannten die Bewegung »schändlich«. Sogar die hart arbeitenden utilitaristischen Konzernkapitalisten der Zeitschrift *Economist* wurden darauf aufmerksam und brachten einen Bericht mit der Überschrift »China drängt sein Volk zum Schuften. Manche sagen Nein.«

Tang Ping erinnert mich stark an die englische Punk-Bewegung der siebziger Jahre. Johnny Rotten sang diverse Anti-Arbeits-Texte, darunter »I don't work, I just feed, that's all I need« und »I'm a lazy sod«, und sowohl The Clash als auch The Specials wetterten gegen Scheißjobs und »the system«, und sie sangen: »I won't open a letter bomb for you« und »You'll be working for the rat race«.

Im Grunde sind die chinesischen Millennials die neuen Taoisten. Das Land hat immer zwischen den konfuzianischen Idealen von Harmonie und gesellschaftlicher Anpassung sowie den Hippie-Idealen von Laotse gekämpft, dem Begründer des Taoismus, der die Freuden besang, still an einem Fluss zu sitzen und Gedichte zu schreiben, statt am Hof Kotaus zu machen.

Herr Luo hat sich mit dem Argument verteidigt, seine Handlungen oder vielmehr der Mangel daran schädigten doch niemanden.

»Diejenigen, die sagen, dazuliegen sei schändlich, sind schamlos«, sagte er. »Ich habe das Recht, mir einen langsamen Lebensstil auszusuchen. Ich habe nichts getan, was der Gesellschaft abträglich ist. Müssen wir denn zwölf Stunden in einem Ausbeuterbetrieb arbeiten, ist das etwa gerecht?«

Ein weiterer Befürworter Tang Pings ist Zhang Xinmin, der seine Stelle in der Werbung aufgab, um sich auf seine Musik zu konzentrieren. Er schrieb einen eindeutig taoistischen Song namens »Tang Ping ist der richtige Weg«, welcher prompt von den Behörden entfernt wurde. »Heutzutage«, klagte er, »ist nur Vorwärtslaufen erlaubt, nicht aber, sich hinzulegen.« In dem Song heißt es: »Liegen spart Energie und rettet den Planeten« und »Liegen ist der Königsweg«. Die nicht ganz so strenge Plattform YouTube hat das Lied immerhin nicht verboten, man kann ihn sich dort ansehen samt einer Ladung billigender Kommentare von amerikanischen Millennials.

UNTÄTIGKEITSPUNKT

⊙ Suchen Sie sich ein Sofa, ein Bett oder eine Hängematte und legen Sie sich darauf bzw. hinein.

19
GEBEN SIE EIN FEST

O himmlische nächtliche Festmahle,
da meine Freunde und ich
neben meinem Lar speisen und
drängende Diener mit
den Resten füttere. Jeder Gast trinkt, wie er mag,
große Gläser oder auch kleine,
frei von törichten Regeln,
ob er edel nun harte Sachen kippt
oder sich die Kehle
unbekümmerter befeuchtet.
Und so beginnt das Gespräch.
Horaz
(Ein Lar war ein guter Hausgeist.)

In den 1930er Jahren neckte G. K. Chesterton seine Leser, sie würden Weihnachten falsch verstehen. »Die Weihnachtszeit ist eine häusliche«, schrieb er, »und aus diesem Grunde bereiten sich die meisten darauf vor, indem sie sich in Tramwagen balgen, Schlange stehen, in Zügen davonrasen, sich verzweifelt in Teestuben drängen und sich fragen, ob sie überhaupt je wieder nach Hause kommen.«

Viel besser, meinte er, wir blieben zu Hause, wurstelten einfach herum und machten Spiele: »Wenn Weihnachten häuslicher würde, dann würde das gewiss den wahren Weihnachtsgeist steigern, jenen des Kindes.« Ich finde, das trifft für alle Feiertage zu, und auch wenn die meisten von uns vor der Grausamkeit Horaz' und seiner Freunde zurückschrecken mögen, Essensreste an die Masse der drängelnden Diener zu verfüttern, so klingen die anderen Teile seiner Fantasie doch glaubhaft. Es geht um Freiheit, Essen und Gespräche.

Was bedeutet Weihnachten tatsächlich? Wozu dient ein Fest? Gehen wir doch einmal zurück ins 14. Jahrhundert, als die Vorstellung eines fröhlichen Weihnachtsfests aufkam. Das mittelalterliche Weihnachten drehte sich nur ums Feiern und Tanzen, und ein solches wurde auch, der großen mittelalterlichen Romanze *Sir Gawain und der grüne Ritter* zufolge, in Camelot begangen. Zu jener Zeit dauerte Weihnachten zwölf Tage oder noch länger, und an diesen Tagen waren alle Geschäfte geschlossen, und niemand durfte arbeiten. Stattdessen sollte man Spiele spielen, essen und sich ganz allgemein amüsieren:

Denn da währte das Fest volle fünfzehn Tage
mit allem Fleisch und Frohsinn, was der Mensch
     ersann:
solch Lärm und Freude herrlich anzuhören,
liebes Getöse am Tage, Tanz bei Nacht,
überall war eitel Glück in Saal und Kammer
bei Herrn und Frauen.

Großartig! Fünfzehn Tage frei wegen Weihnachten.

Natürlich ist Weihnachten keine Erfindung des Mittelalters. Ein Fest mitten im Winter veranstalten, Feuer machen, Kerzen anzünden und das ganze Haus mit Immergrün schmücken – das alles sind ziemlich naheliegende Mittel, um sich aufzuheitern, wenn's draußen kalt ist. Solche Bräuche bestehen vielleicht schon seit Tausenden von Jahren, sie haben auch dem späteren Frontalangriff auf Weihnachten getrotzt.

Von sehr frühen Christen wissen wir, dass Weihnachten am 25. Dezember begangen wurde, dem traditionellen

Datum der Geburt der Sonne. Im 4. Jahrhundert schrieb der Scriptor Cyrus:

> Es war bei den Heiden Brauch, an jenem selben 25. Dezember die Geburt der Sonne zu feiern, wofür sie zum Zeichen der Festlichkeit Lichter entzündeten. An diesen Feierlichkeiten und Ritualen nahmen auch die Christen teil. Als daher die Doktoren der Kirche erkannten, dass die Christen zu diesem Fest hinneigten, berieten sie sich und beschlossen, dass die wahre Geburt Christi an jenem Tag gefeiert werden sollte.

Weihnachten ist auch mit dem römischen Fest der Saturnalien verwandt. Dieses begann am 17. Dezember und währte bis zu sieben Tagen. Geschäfte, Schulen und Gerichte waren geschlossen, und es wurde allgemein laut gefeiert. Man tauschte Kerzen. Dabei konnte auch ein »König« bestimmt werden. Der Autor Lucian sagte, eine Person würde zum einzigen König von allen bestimmt, »sodass man sich nicht nur törichten Anordnungen widersetzen, sondern diese auch selbst geben konnte, etwa einem sagen, er solle etwas Schlechtes über sich schreien, einem anderen, er solle nackt tanzen, das Flötenmädchen ergreifen und es dreimal durchs Zimmer tragen«.

Dann übernahmen Invasoren das Fest. Im 11. Jahrhundert herrschten die Dänen über England und führten das Wort »yule« ein – das skandinavische Wort für Weihnachten. Jetzt influenzen sie uns wieder mit ihrem hygge-Export – die Philosophie von Behaglichkeit und Kerzen.

Stechpalmen und Efeu boten sich als natürlicher Schmuck an, weil sie gleich vorm Haus wuchsen. Ein Gedicht aus dem 15. Jahrhundert gebot:

Nein, Efeu, nein, das soll's nicht sein,
Stechpalmen sollen Herr sein allgemein,
Stechpalmen standen im Haus, schön anzusehn,
Efeu jedoch vor der Tür, dort ist's kalt und
  unangenehm.

Rechnungsbücher aus dem Spätmittelalter und der frühen Tudorzeit zeigen, dass Kirchen und Kathedralen Kerzen in großen Mengen bestellten. Kerzen brachten Licht ins Dunkel.

Man wurde aufgefordert, zu Weihnachten gastfreundlich zu sein und den weniger Begünstigten die Tür zu öffnen. Der Tudor-Schriftsteller Thomas Tusser schrieb:

An Weihnachten tafeln wir, Reich wie Arm für
  und für,
wer (außer dem Geizhals) öffnet da nicht die Tür?

Und viele Blaublüter öffneten tatsächlich die Tür. Laut dem Historiker Ronald Hutton gab es beim Grafen von Northumberland vier Schwäne zum Diner, zu dem er eine große Zahl klerikaler Würdenträger empfing. Der Bürgermeister von Coventry hatte für jedermann ein »offenes Haus«. Der Herzog von Birmingham engagierte eine Truppe französischer Spieler, drei Narren, die Stadtmusikanten von Bristol sowie einen Akrobaten. Dazu gab es Karten- und Brettspiele, wie heute auch.

In einem Jahr, verzeichnet Hutton, hatte Richard II. 20 000 Gäste, die 200 Ochsen und 200 Fässer Wein verzehrten.

Ein von Heinrich V. veranstaltetes Weihnachtsmahl bestand aus Presssack, Datteln mit Streichrahm, Karpfen, Garnelen, Steinbutt, Schleie, Barsch, frischem Hecht mit Wellhornschnecken, geröstetem Tümmler, Flusskrebsen,

geröstetem Aal und Neunauge, gepökeltem Fleisch, gar-
niert mit Weißdornblättern, und Marzipan.

Weihnachten war wie auch die Saturnalien immer die
Jahreszeit mit einer gewissen legitimierten Unordnung.
Jedes Jahr wurde ein Narrenprinz bestellt; er bekam einen
Thron, einen Baldachin, Rüstzeug, einen Narren und
einen Galgen, um alle aufzuhängen, die ihm missfielen.
Noch heute kann man einen Nachhall davon in den Trun-
kenbolden beobachten, die Hörner tragend nachts durch
die Straßen torkeln. Das ist der wahre weihnachtliche
Geist: Anarchie.

So wollen wir denn das ganze Jahr durch häufig Feste
feiern. Anlässe gibt's zuhauf: Geburtstage, Heiligentage,
Jubiläen, Feiern. Aber ein Fest geben, das müssen Sie. Nur
das mit den Essensresten, die man drängelnden Dienern
hinwirft, das lassen Sie.

UNTÄTIGKEITSPUNKTE

⊙ Bitten Sie die Gäste, ein Gericht mitzubringen.
⊙ Trinken Sie Wein.
⊙ Entzünden Sie Kerzen.
⊙ Streuen Sie überall grüne Zweige aus.
⊙ Engagieren Sie Musikanten.

20

SPIELEN SIE ALTE SPIELE

*Ich mag alles Alte: alte Freunde, alte Zeiten,
alte Sitten, alte Bücher, alten Wein.*
Mr Hardcastle in *She Stoops to Conquer*
von Oliver Goldsmith

Der obigen Liste, mit so viel Charme und Stil angefertigt, möchte ich doch gern »alte Spiele« hinzufügen. Neue Spiele – womit ich Computerspiele wie *Call of Duty: Black Ops* und *Grand Theft Auto* meine – sind anti-müßig. Sie befördern aggressive kapitalistische Werte wie Gier, Gewalt und Autofahren in hohem Tempo. (Bei dem Thema dürfte mein Teenager-Sohn anderer Meinung sein.) Ein weiteres grauenhaftes Computerspiel, dem ich begegnet bin – tatsächlich eine Propaganda des Arbeitsethos – trägt den Namen *Job Island: Hard Working People*; je weniger darüber gesagt wird, desto besser.

Die alten Spiele beabsichtigen, da sie ja alt sind, keine Gehirnwäsche. Sie speisen das System nicht. Sie wollen lediglich Freude bereiten. Wie die meisten Ideen in diesem Buch holen Spiele uns aus der Welt von Arbeit und Geld und führen uns in eine andere, in der zweckfreier Spaß das Gebot der Stunde ist.

Ganz oben in der Hierarchie der alten Spiele steht Schach, aber der Liste erprobter Zeitvertreibe möchte ich gern noch die folgenden anfügen:

Dame
Warnung: Sie könnten wirklich süchtig danach werden. Dame ist viel komplexer, als es den Anschein hat.

Backgammon

Backgammon ist unendlich befriedigend. Die doppelten Würfel verschaffen Ihnen ein erregendes Element des Glücksspiels.

Jedes Kartenspiel

Ein besseres Spiel als ein Kartenspiel ward nie erdacht. Für wenig Geld haben Sie eine nahezu unendliche Vielfalt von Spielen in der Tasche.

Tennis

Neben Fahrradfahren ist Tennis meine einzige körperliche Betätigung, und ich liebe jede Sekunde. Alle Probleme verschwinden bis auf das, den Ball übers Netz und in die gegnerische Hälfte zu bekommen. Wie Sie wissen, ist es eine viktorianische Erfindung, gründet jedoch auf echtem Tennis, das seine Wurzeln wiederum in den Straßen italienischer Stadtstaaten hat.

Krocket

Das allerbeste Spiel. Wenn Sie einen echten Krocketrasen finden, ist es der Himmel, aber ein kleinerer tut's auch. Der Schriftsteller Craig Brown schreibt vormittags und spielt nachmittags Krocket. Das ideale Leben.

Tic Tac Toe

Wunderbar einfach. Man braucht nur ein Blatt Papier und einen Stift.

Schere, Stein, Papier

Für dieses Spiel braucht man überhaupt nichts.

Galgenmännchen

Lustig und lehrreich.

UNTÄTIGKEITSPUNKTE

⊙ Erwägen Sie die Einrichtung eines Spieleschranks mit
  Schach, Backgammon, Karten und so weiter.
⊙ Treten Sie einem Krocketclub bei.
⊙ Reservieren Sie täglich eine Stunde für Spiele.
⊙ Meiden Sie anstrengende, gewalttätige Fernsehdramen.

21

MACHEN SIE EINEN TAG BLAU

Die Frage ist nicht: »Was machen wir?«
Die Frage ist: »Was machen wir nicht?«
Ferris Bueller

Die meisten von uns kennen den hervorragenden Film *Ferris macht blau*, der eine Gruppe begüterter blaumachender Highschool-Schüler beobachtet. Er ist eine witzige Feier von Einfallsreichtum und Widerstand gegen Autoritäten, ein Muss für alle Müßiggänger. Auf einer Liste großer müßiggängerfreundlicher Filme würden wohl auch Charlie Chaplins *Moderne Zeiten*, *Quadrophenia* und *Brazil* stehen, die alle die Erdrückung des Geistes durch die Industriegesellschaft behandeln.

Weniger bekannt ist das Gedicht »William Wordsworth macht blau«. Okay, das ist nicht der richtige Titel. Sondern *Zeilen für seine Schwester*, und es ist in Wordsworth' und Coleridges bahnbrechender Sammlung *Lyrical Ballads* enthalten, erschienen 1798.

Hier die ersten vier Strophen:

Es ist der erste milde Tag im März:
Jede Minute süßer denn zuvor,
Rotkehlchen singt aus vollem Herz
in unserer Lärche vor dem Tor.

Ein Segen lieget in der Luft,
die lauter freud'ge Lust geschwellt,
in Bäumen nackt und Bergen kahl ein Duft,
auch in dem Gras auf grünem Feld.

O Schwester! (dieses wünsch ich mir)
Da nun das Frühmahl ist getan,
so eil, lass deine Pflicht und zum Pläsier
komm her und sieh der Sonne Bahn.

Edward wird begleiten dich – und dieses ich dir sag:
Zieh an geschwind dein Waldkleid lang
und bring kein Buch, denn dieser eine heut'ge Tag
soll nur für eines sein: für Müßiggang.

Dieses reizende Gedicht sollte Thema für mein Spezial-
projekt sein, WILD. Das steht für World Idleness Day,
Weltmußetag. Es ist ein Gag, sollte aber real sein. Am
1. April (klingelt's?) haben wir auf der Idler-Seite den folgenden Blog gepostet:

> Mit großer Freude geben wir bekannt, dass der heutige
> Tag als Weltmußetag genehmigt worden ist. Nach aus-
> giebiger Lobbyarbeit bei Abgeordneten im Unter- und
> im Oberhaus durch die Zeitschrift *Idler* wie auch durch
> die Europäische Union wurde die Entscheidung gefällt,
> der ganzen Welt einen freien Tag zu gewähren. Eine
> tolle Nachricht für die Mußerevolution. Und eine schö-
> ne Überraschung für Ostern.
>
> WILD getauft, wurde die Idee des globalen Nichts-
> tuns von den führenden Staatsmännern begeistert be-
> grüßt.
>
> Die Präsidentin der Europäischen Kommission, Ur-
> sula von der Leyen, sagte: »In dieser äußerst heraus-
> fordernden Zeit unterstützen wir die Zeitschrift *Idler*
> bei ihrer Kampagne, die lebensrettende Mußezeit für
> alle zu steigern. Endlich wird das von Sokrates begon-
> nene europäische Projekt, den ganzen Tag weintrin-
> kend in Olivenhainen umherzuwandern, verwirklicht.«

Der ehemalige Chef der Bank von England, Mark Carney, bemerkte: »John Maynard Keynes sah voraus, dass der Mensch mit seiner ganzen Erfindungskraft bis 2030 die fünfzehnstündige Arbeitswoche schaffen werde. So weit sind wir noch nicht, aber WILD ist ein Schritt in die richtige Richtung.«

Der CEO von Goldman Sachs, David Solomon, dessen junge Belegschaft sich unlängst über die 100-Stunden-Woche beschwerte, sagte: »Wir alle müssen in dieser vernetzten Welt unsere Balance finden. Nehmen Sie sich also ruhig einen Tag frei, aber wenn wir uns alle für unsere Kunden besonders ins Zeug legen, selbst wenn wir glauben, schon an unsere Grenzen gekommen zu sein, kann das in unserer Performance wirklich den Unterschied machen.«

Und Harry und Meghan kommentierten: »Wir empfinden wahres, echtes Mitgefühl für all die kleinen Leute da draußen, die für ihren Lebensunterhalt arbeiten müssen. Unsere Herzen sind bei ihnen. Wir sehen euch. Wir beide begehen den Meghan and Harry Day (MAHD), indem wir leidenschaftlich über das Unrecht nachdenken, das uns die Medien der Welt zufügen, und über unseren Kampf mit geistiger Gesundheit, Wohlbefinden und lästigen Eltern.«

Nicht alle prominenten Briten waren dafür. Der ehemalige Premierminister David Cameron, ein Lobbyist der pleitegegangenen betrügerischen Greensill Bank, sagte: »Der Mensch ist zum Schuften geboren, dazu, morgens um sechs Uhr aufzustehen, das Eis von der Fensterscheibe zu kratzen und alle Stunden, die Gott gibt, für ein gigantisches, grausames Unternehmen zu arbeiten, damit es mir Millionen an Aktienanteilen bezahlen kann, damit ich die Regierung beeinflussen kann, Geld billig zu leihen, um es anderen Leuten teuer zu verleihen«, sagte er. »Muße für mich – ja –, aber nicht für die hart arbeitenden Familien dieses Landes, die beschäftigt gehalten werden müssen, damit sie nicht zu viel denken.«

Und der ehemalige Finanzminister George Osborne sagte: »Ich werde heute ganz normal arbeiten. Harte, harte Arbeit für amoralische, rücksichtslose Unternehmen für enormen Reichtum – das ist meine Philosophie. Nicht dieser Quatsch mit unter Bäumen hocken und Gedichte lesen.«

Premierminister Boris Johnson hingegen unterstützte WILD: »Der innere Müßiggänger in uns allen benötigt so viel Unterstützung wie nur möglich«, sagte der Regierungschef des Vereinigten Königreichs. »*Otium* ist eine tolle Sache, wie Cicero uns gelehrt hat. Und deshalb stehe ich auch vorbehaltlos hinter dieser großartigen Idee. Ich selbst werde mir gerade heute eine herrliche Verdauungssiesta genehmigen. Muße voran!«

Sie können mithelfen, indem Sie sich schlicht weigern, heute zu arbeiten. Legen Sie sich stattdessen ins Gras und starren Sie in den Himmel. So beruhigen Sie Ihre Seele und retten damit gleichzeitig den Planeten.

Auch tragen Sie damit zu dem großen Projekt bei, das in den dreißiger Jahren von den Superhirnen jener Zeit, Leuten wie Bertrand Russell und Maynard Keynes, ersonnen wurde – beide glaubten, dass Fortschritt nicht mehr, sondern weniger Arbeit bedeuten solle.

Die von Keynes und Russell skizzierte Zukunft war ein Leben in Muße für Männer und Frauen (und alle dazwischen). In seinem Essay *Wirtschaftliche Möglichkeiten für unsere Enkelkinder* zitiert Keynes die Grabinschrift einer bekannten Putzfrau:

Trauert nicht um mich, Freunde, weint um mich nie,
denn ich tue ab jetzt auf immer nichts.

Der Tod war demnach die einzige Befreiung von einem
Leben mit harter Plackerei. Keynes dagegen glaubt,
dass die Menschheit mit ihrer Schlauheit viel mehr
Zeit zum Nichtstun schon vor dem Tod schaffen müss-
te. Aber, sagt er, tatsächlich fürchten wir uns vor der
Muße:

Man hat uns zu lange dazu erzogen, nach etwas zu stre-
ben, statt zu genießen. Für den normalen Menschen
ohne besondere Talente ist es ein schreckliches Problem, sich mit sich selbst zu beschäftigen, zumal wenn
er nicht mehr in der Scholle, im Brauchtum oder in den
geliebten Konventionen einer traditionellen Gesellschaft verwurzelt ist. Nach dem Verhalten und den Errungenschaften der heutigen reichen Klassen in allen
Teilen der Welt zu urteilen, sind die Aussichten sehr
bedrückend!

Deshalb verbringen psychotische Reiche auch ihre Zeit
damit, umherzurasen und damit zu prahlen, wie beschäftigt sie sind, womit sie uns übrigen ein schlechtes
Beispiel geben. Keynes beendet seinen Essay mit einer
schönen antikapitalistischen Vision einer Gesellschaft,
in der Geldverleih missbilligt wird und wir den ganzen
Tag lang faulenzen:

Ich sehe uns so frei, um zu einigen der sichersten und
gewissesten Prinzipien von Religion und traditionellen
Tugenden zurückkehren – dass Habsucht eine Sünde
ist, dass die Eintreibung von Wucherzinsen ein Las-
ter und die Liebe zum Geld verabscheuungswürdig ist,

dass diejenigen am wahrsten auf den Pfaden von Tugend und gesunder Weisheit wandeln, die am wenigsten ans Morgen denken. Wir werden wieder das Ziel über die Mittel stellen und das Gute dem Nützlichen vorziehen. Wir werden jene ehren, welche uns lehren können, die Stunde und den Tag tugendhaft und gut zu nutzen, jene wunderbaren Menschen, die fähig sind, unmittelbare Freude an Dingen zu empfinden, an den Lilien auf dem Feld, die nicht arbeiten und auch nicht spinnen.

Also nehmen Sie sich einen WILD, melden Sie sich krank und gehen Sie an den Strand.

UNTÄTIGKEITSPUNKTE

⊙ Legen Sie Ihren freien Tag fest, planen Sie ihn.
⊙ Richten Sie in Ihrem Mailprogramm eine automatische Antwort ein. Sie könnten sie sogar mit einem Verweis auf Ihre geistige Gesundheit rechtfertigen: »Um meine geistige Gesundheit zu schützen, werde ich am 1. April nicht per E-Mail erreichbar sein.«

22
VERLASSEN SIE DIE SOZIALEN MEDIEN

Die sozialen Medien hassen Ihre Seele.
Jaron Lanier

Wie Aldous Huxley korrekt vorausgesagt hat, haben wir Menschen unsere Sklaverei lieb gewonnen, und nun sind wir die Sklaven der sozialen Medien.

Die sozialen Medien sind ein Werbegeschäft, das sich aus der Eitelkeit speist. Sie entziehen uns kostenlose Arbeit – verheißen »Selbstentfaltung« und dergleichen – und verkaufen uns dann wiederum Werbeflächen. Es ist eine raffinierte Form der Sklaverei und sogar noch billiger, da die neuen Fabrikbesitzer in Silicon Valley die Kosten für den Ankauf von Sklaven gar nicht nötig haben. YouTube, Twitter, Instagram und Facebook lassen die ganze Welt kostenlos für sich Videos, Fotos und Texte machen – *arbeiten!* Wir laden ganze Ozeane Content auf ihre Plattformen, in der Hoffnung auf Likes und gereckte Daumen und um ganz allgemein gesehen und gehört zu werden. Mit anderen Worten, sie päppeln unser Ego, wir ihr Bankkonto. Doch unsere Eitelkeit macht uns für die Wirklichkeit dieses Betrugs blind. Weit entfernt, unsere Unterdrücker zu hassen und zu fürchten, lieben wir sie, danken ihnen, versuchen, ihnen gefällig zu sein, schmeicheln ihnen.

Auf Twitter posten führt zu allen möglichen Problemen. Die Leute posten flotte Bemerkungen, über die sie gar nicht richtig nachgedacht haben. Alles geschieht schnell-schnell. Dann ist jemand zu Recht oder Unrecht gekränkt, es folgen Stress und Ärger. Früher hätte man vielleicht einen Brief geschrieben. Aber der Vorgang des

Briefschreibens verlangt naturgemäß tieferes Nachdenken als Twitter.

Ich weiß noch, wie ich den Entschluss fasste, Twitter zu
verlassen. Ich unternahm mit meinem Bruder und unseren beiden Töchtern zu Ehren von Lewis Carroll auf der
Themse bei Oxford eine Bootsfahrt. Wir trieben den Fluss
hinab, mein Bruder ruderte locker dahin, dazu das Ge-
räusch des Windes in den Bäumen und das Gegacker des
Sumpfhuhns, als ich auf mein Telefon sah (da hatte ich
noch ein Smartphone). Darauf war ein Tweet von einem
Grammatiker, der Einwände gegen einen Kommentar von
mir über die Bedeutung des Apostrophs erhob. Der Tweet
lautete »Gefährlicher Unsinn« oder dergleichen. Okay,
das war keine Morddrohung, trotzdem hat er mir die Lau-
ne verhagelt.

Ich bin eben einer derjenigen, die abends um zehn
nach ein paar Bier einen Tweet abschicken würden und
sich dabei witzig oder clever fänden und dann jemanden
beleidigen. Manche Leute mögen Zoff auf Twitter offenbar. Journalisten fangen häufig einen an. Vermutlich halten sie das für gute Publicity. Aber sie machen mich be-
klommen.

Zu meiner Freude schrieb einer meiner Gurus, der
Techpionier Jaron Lanier, ein Buch, in dem er die sozia-
len Medien anprangerte. Jaron arbeitet bei Microsoft als
OCTOPUS, was für »Office of the Chief Technology Officer
Prime Unifying Scientist« steht, die Zeitschrift *Time* zählt
ihn zu den hundert einflussreichsten Personen der Welt.

Das Buch trägt den Titel *Zehn Gründe, warum du deine Social Media Accounts sofort löschen musst*. Bitte lesen Sie es. Er sagt darin, die sozialen Medien hätten mit-
hilfe der Verhaltensforschung ein Werbeunternehmen
geschaffen. Wir Menschen seien wie Pawlow'sche Hunde,
an denen endlos herumexperimentiert wird. Er meint, die

sozialen Medien sollten viel eher BUMMER heißen, »Behaviours of Users Modified, and Made into an Empire for Rent«, also ungefähr »Verhaltensweise der Nutzer modifiziert und zu einem Mietimperium gemacht«. Und dass die sozialen Medien ein Arschloch aus einem machen, denn, so schreibt er, »die größten Arschlöcher kriegen die meiste Aufmerksamkeit«. Deshalb werden die Leute in den sozialen Medien auch schräg und gehässig.

Twitter ist eine Jauchegrube, Instagram eine Lügenfabrik. Früher hieß es einmal, die Kamera lügt nicht, doch die Kamera lügt immerzu. Sie knipst eine winzige Nanosekunde der Wirklichkeit in einem winzigen Rahmen. Es gibt null Kontext. Auf Instagram – das Unternehmen verkauft Anzeigen, die einem Mist andrehen wollen – wird man dazu animiert, ein dauererregtes, supertolles Leben zu führen. Das führt zum Neid anderer, selbst wenn diese wissen, dass die Instagrammer lügen oder höchstens einen sehr schmalen Ausschnitt der Wahrheit zeigen.

Die Sieben Todsünden, von mittelalterlichen Klerikern erfunden, sind Hochmut, Habsucht, Wollust, Zorn, Völlerei, Neid und Trägheit. Sie alle (mit der möglichen Ausnahme von Trägheit) werden von den sozialen Medien bestärkt, gefördert und belohnt. Die Tech-Bosse stacheln die Leute zur Sünde auf, weil es ihnen Geld bringt (dadurch, dass diese gierigen Psychopathen sich als die gesalbten Retter der Menschheit präsentieren, lässt sich diese Pille doppelt schwer schlucken).

Für diese offensichtliche Wahrheit sind die Nutzer der sozialen Medien durch die eigene Eitelkeit blind geworden. Ich finde es überraschend, dass so viele radikale Denker Twitter nutzen, wenn man bedenkt, dass es eine der am höchsten entwickelten weißen, männlichen kapitalistischen Betrügereien ist, die bis heute auf der Welt begangen werden.

Auch sind die sozialen Medien zutiefst umweltfeindlich. Ich bin Fan einer Zeitschrift namens *Data Centre News*. Diese hervorragende Publikation berichtet über Entwicklungen in der Datenindustrie. Datenzentren sind gigantische Lagerhäuser voller summender Computer, die unablässig mit riesigen Ventilatoren gekühlt werden müssen. Dorthin gehen unsere Tweets, Updates, Blogs, Videos und Instagram-Posts. Und sie verbrauchen enorme Mengen Elektrizität. Deshalb würde Extinction Rebellion, würden sie es ernst meinen, aufhören, auf YouTube und Facebook für sich zu werben, denn mit jedem Tweet, den ihr absetzt, überwachen sie euch nicht nur, sondern fördern noch mehr Kohle, um ihn an eure Follower zu schicken.

An dem Punkt mögen Sie mit gutem Grund sagen: »Aber der *Idler* hat doch auch diverse Konten bei den sozialen Medien«, wobei ich persönlich keins habe. Ja, aber mein Guru Jaron sagt auch nicht, dass jeder sofort aussteigen soll. Es geht dabei ums Bewusstsein. Mir ist absolut bewusst, dass viele *Idler*-Leser gern Twitter und Facebook und so weiter nutzen und dass diese Plattformen auch für Gutes genutzt werden. Aber seien Sie sehr misstrauisch – es lauern Fallen. Eine Maxime der Epikureer lautet, dass es ein Schritt zum Glück ist, wenn man sich nicht mehr darum schert, was andere von einem halten. Die sozialen Medien animieren zum Gegenteil, sie stimulieren eine hysterische Gefallsucht und geben einem nichts zurück. Bekäme man pro Like ein Pfund, wäre die Sache natürlich anders.

Jaron empfiehlt auch, sich probehalber für kurze Zeit – einen Tag, eine Woche, einen Monat – bei den sozialen Medien abzumelden. Er sagt zu Recht, dass die sozialen Medien wollen, dass man wütend und unglücklich ist, weil wütende und unglückliche Menschen mehr kaufen.

UNTÄTIGKEITSPUNKTE

⊙ Lesen Sie *Zehn Gründe* von Jaron Lanier oder lesen Sie seine Interviews auf idler.co.uk.

⊙ Melden Sie sich für eine Woche von Twitter und Instagram ab und beobachten Sie Ihre geistige Gesundheit. Sie wird sich verbessern.

⊙ Kaufen Sie Postkarten und Briefmarken. Schicken Sie einem Freund oder einer Freundin eine Postkarte.

⊙ Zu weiteren Ratschlägen über die Selbstbefreiung von den amoralischen Tech-Bossen vom Silicon Valley schauen Sie sich den Kurs »How to Fix the Future with Andrew Keen« in der Idler Academy an.

23

MEIDEN SIE REISEN

Die Seele reist nicht; der Kluge bleibt zu Hause.
Emerson

Ich weiß nicht, wie es Ihnen geht, und natürlich weiß ich auch nicht, wie alt Sie sind, aber ich habe festgestellt, dass man als Mensch mittleren Alters etwas hat, wodurch man sich, tja, wie ein Mensch mittleren Alters verhält.

Nehmen Sie nur mal die Logistik. In jungen Jahren schlief ich in der Nacht, bevor ich am nächsten Vormittag um zehn den Zug nahm, tief und fest. Ich stand auf, verließ das Haus, kam um zehn vor zehn am Bahnhof an, stieg in den Zug, und das war's.

Heute mache ich mir schon eine gute Woche vor Abfahrt des Zuges Sorgen. Ich brüte über Fahrplänen und befrage diverse Online-Karten, um zu berechnen, wie lange ich zum Bahnhof brauche. Ich liege im Bett und grüble, um welche Zeit ich am Bahnhof sein sollte und ob es besser wäre, mir dort einen Kaffee zu holen oder mir in der Küche einen zu machen, bevor ich gehe.

Am Abend vor Abfahrt des Zuges packe ich sorgfältig meine Tasche, obwohl ich nur einen Tag fort bin. Ich stelle sie an die Haustür, damit ich sie nicht vergesse. Ich gehe extra früh ins Bett und stelle den Wecker so, dass mir reichlich Zeit zum Frühstücken und für weitere Sorgen am Morgen bleibt. Ich liege wach vor Angst, dass ich verschlafe und den Zug verpasse.

Am Morgen klingelt dann der Wecker, und mir fällt mit Grausen ein, dass ich ja zum Zug muss. Ich stehe auf und verfluche leise das zusätzliche Bier, das ich am Vorabend getrunken habe – das war dumm. Ich benehme mich extrem mürrisch und mit geschäftiger Wichtigtuerei gegenüber jedem Familienmitglied, das versucht, mich in ein Gespräch zu verwickeln.

Ich komme gut vierzig Minuten vor Abfahrt des Zuges am Bahnhof an und starre auf die Abfahrtsanzeige, um die Nummer des Bahnsteigs zu erhaschen, sobald sie angezeigt wird. Ich will zu dem Wagen, der dem Ausgang am Zielort am nächsten ist, was natürlich ein reines Ratespiel ist. Wenn der Zug dann den Bahnhof verlässt, mit mir drin, verspüre ich eine ungeheure Erleichterung, etwas geleistet zu haben. Ich habe mit Erfolg einen Zug erreicht! Am liebsten würde ich Victoria anrufen und ihr sagen: »Läuft alles richtig gut. Ich war schön früh am Bahnhof und habe den Zug erwischt.«

Bei einem Urlaub überlege ich schon gut zwei Wochen im Voraus, was ich einpacken soll. Dieses irgendwie halb bange Verhalten erinnert mich an die Bemerkung des Schöpfers der *Simpsons*, Matt Groening, über seine Eltern, die am Tag der Fahrt in den Urlaub morgens um vier aufstehen, um »gleich ein gutes Stück Autobahn zu schaffen«.

Könnten wir alle nicht ein bisschen weniger reisen? Als einer, der naturgemäß zu Hause bleibt und mit einem Stuhl, einem Buch und einem Bier ganz glücklich ist, dabei aber vage Schuldgefühle hat, dass er nicht reist, erinnere ich mich daran, wie sehr ich mich vor vielen Jahren über die Entdeckung freute, dass sich das englische Wort *travel* (»reisen«) von dem lateinischen Wort *trepalium* ableitet, was ein dreizackiges Folterinstrument war. (*Trepalium* wurde in neuerer Zeit zum Namen einer französischen Deathmetal-Band und einer dystopischen französischen Miniserie über eine zweigeteilte Gesellschaft: die Aktiven und die Arbeitslosen. Muss ich mir mal ansehen.)

Praktisch dasselbe Wort ist auch das französische *travail*, also »Arbeit«. Reisen bedeutet demnach Arbeit, möglicherweise eine gefährliche, und gerade Arbeit wollen wir Müßiggänger doch gern vermeiden. Reisen war traditionell erschöpfend, mit Sorgen und Nöten befrachtet, mit Banditen und Grenzbeamten, mit Skorbut, Verlust allen Geldes, Untergang des Schiffs in einem Sturm, knapp werdendem Essen, Verhaftung.

Wie Montaigne sagte: »Wie viele kennen wir doch, welche die Süße eines geruhsamen Lebens zu Hause unter Freunden flohen, um das Grauen unbewohnbarer Wüsteneien zu suchen, welche sich in Erniedrigung, Entwürdigung und die Verachtung der Welt stürzten und dies auch noch genossen und sogar erstrebten.«

Heutzutage ist Reisen ein Minenfeld aus Passagierlokalisierungsformularen, verwirrenden Gepäckerfordernissen, verstörend munteren Airlines, Kabeln, Ladegeräten, Adaptern, man muss daran denken, Messer und Flüssigkeiten zu Hause zu lassen, und dann auch noch die fünftägige Sorge vor der Abreise. Ganz zu schweigen von dem immensen Verbrauch von Treibstoffen und der Verschmutzung, die das Reisen mit sich bringt. Der Schurke ist dabei Airbnb. In dem Jahr vor der Pandemie haben sie $ 900 000 000 (ja, eine knappe Milliarde) für Marketing ausgegeben, d. h. Hausbesitzer zu überreden, örtliche Mieter zugunsten von blöden Reisenden hinauszuwerfen. Das hatte verheerende Auswirkungen in Neapel, Florenz und Venedig, die zu riesigen Museen wurden und ihre wahren Bewohner einbüßten. Die Pandemie konnte diesen prächtigen Städten vielleicht dabei helfen, wieder Heimat und Gemeinschaft zu werden, oder auch nicht.

Wahrscheinlich war das Reisen zu gewissen Zeiten, in den neunziger und Nullerjahren, ganz einfach. Dann kam der Krieg gegen den Terror, und wir mussten uns an der

Grenze ausziehen. Dann kam der Krieg gegen COVID, der zu neuen Schichten Bürokratie führte. Gut für die Bürokraten und Wichtigtuer, schlecht für alle anderen.

Natürlich räume ich ein, dass eine Reise wunderbare Mußezeiten und auch Wärme bieten kann. Ich bin nicht so kleinlich, um alle Reisenden und Urlauber zu verurteilen. Aber wenn Sie sich ein Alltagsleben schaffen können, das ziemlich genau Ihren Wünschen entspricht, wovor wollen Sie dann fliehen?

Wird Ihre Reise also gecancelt, könnte das ein Anlass zur Freude sein. Zu Hause bleiben ist nicht nur leicht, es verbraucht auch keine Energie, und wenn es uns daher wirklich ernst ist, unseren Verbrauch an fossilen Brennstoffen zu reduzieren, sollten wir weniger reisen.

Bedenken Sie, Sie bleiben immer noch Sie selbst. Der römische epikureische Dichter Lukrez bemerkte, dass beim Reisen »ein jeder vor sich selbst flieht« und dennoch vom selben Begleiter verfolgt wird.

UNTÄTIGKEITSPUNKTE

- ⊙ Organisieren Sie weniger Reisen.
- ⊙ Lernen Sie, nein zu sagen.
- ⊙ Freuen Sie sich, wenn eine Reise gecancelt wird.
- ⊙ Sollten Sie doch reisen, dann mit leichtem Gepäck, und halten Sie nicht an geplanten Ergebnissen fest. Lassen Sie los.

24
RÄKELN SIE SICH AM FEUER

Ich bin auf eine enge Kammer beschränkt,
räkle mich in einem Sessel, verdöse meine Tage
vor dem Kamin, ganz wie das Bild des Januar
in einer alten Salisbury-Fibel.
Pope

Schockiert musste ich unlängst lesen, unter Umwelt-
aktivisten gebe es eine Bewegung, die Feuer verbie-
ten will.

Nun bin ich ja selbst Umweltaktivist oder sehe mich
gern als solchen und versuche, den Planeten nicht zu ver-
schmutzen, aber es gibt einen Punkt, an dem der Umwelt-
aktivismus zum Puritanismus mit erhobenem Zeigefinger
wird. Spaß darf nicht sein. Spaß hat eine exzessive CO_2-
Bilanz. Lieber um eine Elektroheizung herumstehen.

Allerdings führte die Pandemie zu einem vermehrten
Herumstehen um haufenweise Brennmaterial. Immer
mehr Feuertische wurden verkauft, da wir nach neuen
Formen der Geselligkeit suchten. Wir wurden mittelalter-
lich, auf eine gute Art. Es wurde sogar gegen jenes bla-
sierte Produkt der amerikanischen Moderne, die Klima-
anlage, gemurrt. Man hielt uns an, Fenster aufzureißen,
die Luft zu bewegen, was natürlich eine gängige Volks-
weisheit ist, ein Ratschlag, den schon Oma gab.

Ich mache weiterhin ein Feuer und starre hinein. Ich
glaube, dass die ökologisch einwandfreie Methode ist,
Holz zu verbrennen, das gründlich getrocknet ist. Schön
ist auch, dass ich, indem ich Holz verbrenne, mithelfe,
Wälder und Waldland zu bewirtschaften.

Nur um der puritanischen Anti-Feuerwehr (haha) eins auszuwischen, möchte ich Ihnen hier eine Liste geben, inwiefern Holz verbrennen nützlich ist. Sie stammt aus einem Artikel in der Zeitschrift *The Land* von dem Wald-experten Mike Gardner:

→ Steigern Sie die Holzqualität des Waldes
→ Steigern Sie die Biodiversität des Waldes
→ Steigern Sie die Widerstandsfähigkeit des Waldes beim Klimawandel
→ Ersetzen Sie fossile Brennstoffe durch nachwachsen-des Holz
→ Nehmen Sie statt Holz von weit her welches aus der Nähe
→ Sorgen Sie für wirklich grüne lokale Arbeitsplätze

Das bedeutet, dass wir weiterhin ohne Schuldgefühle ein Feuer machen können, und wenn George Monbiot mit Ih-nen schimpfen oder Sie der Behörde melden will, dann halten Sie ihm diese Liste unter die Nase.

Holz ist gut. Feuer ist Freiheit.
Und ein Feuer ist nicht nur in praktischer Hinsicht sinn-voll. Wir wollen auch seine Schönheit feiern und seine Fähigkeit, einen Raum für Reflexion und Lustbarkeit zu schaffen. Mit Freunden und etlichen Bier am Feuer zu sit-zen, befriedigt eindeutig ein altes Bedürfnis in uns. Dann ist es so weit, Gitarre und Ukulele hervorzuholen, ge-meinsam Lieder zu singen und überhaupt fröhlich zu sein, fern von Arbeit, Chefs, Pendeln und Schulden.

Das Kaminfeuer ist eine große Hilfe für Reflexion und Müßiggang. In früheren Zeiten war der Januar der beste Monat, um sich davor zu räkeln; auch Alexander Pope nimmt Bezug auf diesen Brauch in obigem Epigramm, das in einem Brief aus dem Jahr 1712 enthalten ist, in dem er sein Eingesperrtsein wegen einer Krankheit während der Weihnachtsferien, wie ich vermute, beklagt.

Der »Januar«, den er erwähnt, war der zweigesichtige Gott Janus, von dem der Monat seinen Namen hat. Janus blickte auf das soeben beendete Jahr zurück und auf das neue voraus. Es ging ihm einzig um ruhige Reflexion, Faulenzen am Kamin und einfach nur müßig sein.

UNTÄTIGKEITSPUNKTE

⊙ Bestellen Sie eine Ladung trockene Scheite. Verbrennen Sie sie draußen oder drinnen.

⊙ Starren und staunen Sie.

⊙ Oder bleiben Sie einfach beim Barbecue. Ein Barbecue ist ein Feuer, es ist gesellschaftlich akzeptiert und eine leichte Art zu kochen – kein Abwasch!

EPILOG

Ich hoffe sehr, dass Ihnen die in diesem Buch auf-
geführten bescheidenen Vorschläge gefallen haben und
Sie erkennen, dass ein müßigeres Leben auch hier und
jetzt möglich ist.

Immer wieder aufs Neue sagen uns die Philosophen
und Dichter, dass kluge Menschen die Sirenengesänge
von Ehrgeiz, Status und Reichtum ablehnen und sich der
Welt von Freiheit, Muße und Beschaulichkeit zuwenden.
Die Händler und Politiker sind nicht klug, und ihr Leben
ist voller Stress und Ärger. (Warum Menschen entgegen
wiederholter philosophischer und religiöser Warnungen
im Lauf der letzten drei Jahrhunderte beharrlich Ruhm
und großen Reichtum erstreben, wissen die Götter. Ich
könnte mir denken, es ist eine Mischung aus Furcht und
Ego.)

Wir Müßiggänger wollen das Leben genießen, nicht es
vermeiden. Um ein müßiger Epikureer zu sein, muss man
sich nicht erst in eine Kommune zurückziehen (tatsächlich enden die meisten utopischen Projekte in einer Kata-
strophe, weil sie sehr eng mit Tyranneien verwandt sind).
Sie können überall müßig sein.

Und so wollen wir denn alle langsamer machen, Spaß
haben und gut leben.

DANK

Ich danke Victoria Hall, Virginia Ironside, Colin Midson, Ed Jenne, James Pembroke, Penny Phillips.